생육신의 충절기려
백이산 자락에 자리잡은
# 함안 서산서원

KB160789

경상대학교 남명학연구소
**남명학교양총서 30**

생육신의 충절기려
백이산 자락에 자리잡은

# 함안 서산서원

강동욱 지음

景仁文化社

# 목 차

# 1

## 함안 서산서원을 찾아서

경남 함안군 군북면 원북리에는 서산서원(西山書院)이 있다. 군북면 소재지에서 3km쯤 떨어진 국도변에 위치한 이 서원은 단종 때 절개를 지킨 생육신 조려(趙旅, 1420~1489)를 비롯한 이맹전(李孟專, 1392~1480) 원호(元昊, ?~?) 김시습(金時習, 1435~1493) 성담수(成聃壽, ?~?) 남효온(南孝溫, 1454~1492)의 위패를 봉안하고 있다.

서산서원은 1703년(숙종29) 경상도 선비 곽억령(郭億齡) 등이 상소를 하여 조정의 허락을 받고 창건한 서원이다. 창건 10년 후인 1713년에는 경상도 선비 손경장(孫慶章) 등의 상소로 '서산(西山)'으로 사액 되었으니, 서산은 중국 은나라 충신 백이와 숙제가 절개를 지키며 살았던 수양산을 의미한다.

세조가 왕위를 찬탈하자 생육신의 한 사람인 어계(漁溪) 조려는 고향 함안으로 낙향하여 평생 자연을 벗 삼아

서산서원

학문에 정진하면서 절개를 지켜 서산서원이 함안에 창건
되었으며, 이로 인해 함안은 충절의 고장이란 명성이 얻
게 되었다.

　어계는 1455년 6월 단종이 수양대군에게 왕위를 빼앗
기고 노산군으로 강등된 후 10월 영월 청령포에 유배되
는 것을 보고 이듬해인 1456년 4월 성균관을 떠나 조부
금은(琴隱) 조열(趙悅)이 살고 있던 함안 군북의 원북동에
내려와 손수 띠 집을 짓고 은거했다. 당시 은거했던 집
이 경남도 유형문화재 제159호인 어계고택(漁溪古宅)이
다. 대문채와 원북재, 향례를 올리는 조묘로 구성되어 있

어계고택

는데, 대문채에는 이조판서로 추증하고 정절의 시호를
내린 정려문이 걸려 있다. 원북재는 한가운데 원북재(院
北齋) 현판이 있고 오른쪽에는 금은유풍(琴隱遺風), 왼쪽에
는 어계고택의 현판이 걸려있다.

어계의 행적이 남아 있는 이곳에 백이숙제(伯夷叔齊)와
연관된 지명이나 유적이 많다. 군북면 사촌리, 동촌리,
명관리 일원에 걸쳐 백이산이 있다. 어계의 충절을 기리
기 위해 후세 사람들이 백이산으로 불렀으며, 두 봉우리
중 높은 봉우리를 백이봉이라 하고 작은 봉우리를 숙제
봉이라 했다. 산기슭에 어계가 학문에 정진하면서 학생
들을 가르치던 곳이 아직도 남아 있으며 서산서당이라는
현판이 걸려있다.

서산서원 전경사진

    어계 고택이 있는 원북동 입구에는 채미정(茶薇亭)이 있
다. 고사리를 캐먹는다는 것은 곧 백이숙제와 같은 절의
를 지키겠다는 마음을 드러낸 것이다. 채미정 앞에는 마
을에서 흘러온 물길이 돌아나가는 바위가 있고 그 바위
를 조대(釣臺)라 부른다. 어계가 낚시를 하던 곳이다. 그
바위 위에는 후대에 세운 청풍대(淸風臺)가 있다. 채미정
의 좌우에 걸린 백세청풍의 청풍을 말하고자 한 것이다.
또 물길을 따라 2km 정도 내려가면 고마암(叩馬巖)이라는
경치 좋은 절벽이 있고 그 아래 바위를 어조대(漁釣臺)라
고 부른다.
    이처럼 함안사람들은 생육신의 한사람인 어계의 행적
이 남아 있는 곳에는 백이숙제와 관련된 지명을 붙이면

서 충절을 기리고 있었지만, 단종 복위 전까지는 그의 충절을 공식적으로 숭모할 수는 없었다.

1681년(숙종7) 노산군으로 강등되었던 단종이 노산대군으로 추봉되고, 1698년(숙종24) 전 현감 신규(申奎)의 상소에 의해 복위가 결정되자, 충절을 지킨 신하들에 대한 포장(褒獎)이 논의되기 시작했다.

곧이어 성삼문 박팽년 등 사육신에 대한 포장이 실시되자, 1703년 경상도 유생 곽억령 등은 생육신인 이맹전 조려 원호 김시습 성담수 남효온 등의 병향(幷享)이 사육신의 예에 따라 이루어져야 한다는 것을 상소하여 조정의 윤허를 받고 창건한 서원이 바로 함안 서산서원이다. 서원 동쪽의 산을 백이산이라고 불러 산 서쪽의 서원이라는 뜻으로 이름을 지었다. 백이산은 곧 중국의 대표적 충신인 백이 숙제의 이름에서 따온 것이므로, 서산서원은 백이 숙제의 절개에 뒤지지 않는 생육신을 모신 곳이라는 의미이다.

서산서원은 생육신의 충절을 기리기 위해 나라에서 윤허한 최초의 서원으로 1713년(숙종39)에 나라에서는 제물을 내리고 서산서원의 현판을 내렸으나, 1871년 서원철폐령에 의해 훼철(毁撤)되었다. 그 후 1902년(광무6) 서산서당(西山書堂)으로 재건한 뒤, 1984년에 사우(祠宇), 강당(講堂), 재료(齋寮), 문(門), 원장(垣墻) 등을 빠짐없이 갖추어 복원하여 현재에 이르고 있다.

함안 서산서원이 창건되기 전까지의 역사적 사실을
『조선왕조실록』 등의 기록을 중심으로 살펴보자.

## 2

# 계유정난과 단종 복위 운동

1453년(단종2) 10월 10일 밤, 수양대군은 유숙·양정·어을운 등 수하를 데리고 김종서(金宗瑞)의 집으로 찾아가 속임수를 써서 그를 철퇴로 쓰러뜨리고, 황보인(皇甫仁)·조극관(趙克寬)·이양(李穰) 등 여러 대신들을 왕명을 빙자해 대궐로 불러들여 살해 하였다.

이보다 앞서 1452년 5월 문종이 재위 2년 만에 세상을 떠나자 단종은 13세의 어린 나이로 조선의 6대 왕으로 즉위하였다. 문종은 자신이 오래 왕위에 있지 못할 것을 예견하고 영의정 황보인, 좌의정 남지(南智), 우의정 김종서 등에게 자기가 죽은 뒤 어린 왕세자가 등극하였을 때 잘 보필할 것을 당부하였다.

문종의 유명을 받든 고명대신(顧命大臣) 황보인·김종서 등이 단종을 보필하면서 정국을 주도하자 수양대군을 비롯한 일부 종친들은 대신들이 국정을 주도해 가는 것에 대해 불평과 불만을 가지게 되어 마찰을 빚어오다 마침내 1453년 10월 10일 밤 김종서를 비롯한 황보인 등 고명대신을 역적으로 몰아 참살하였다. 이를 두고 후세 사람들은 계유정난(癸酉靖難)이라고 불렀다.

김종서·황보인 등이 반역을 모의한 것을 평정했다는 명목으로 정난이라는 말을 붙였으나 실상은 수양 대군이 왕이 되려는 야심에서 이들을 제거한 정변이라고 할 수 있다.

김종서 등을 살해하고 정권을 장악한 수양대군은 영의정 부사로서 국정을 총괄하고 권람(權擥)·홍달손(洪達孫)·한명회(韓明澮) 등 정변을 이끈 주요 인물과 정인지(鄭麟趾)·한확(韓確)·최항(崔恒) 등 자기 세력이 될 만한 주요 관료 등 43명을 정난공신(靖難功臣)에 책봉하고 이들을 요직에 앉힘으로써 권력 기반을 다져갔다.

그리고 2년 후인 1455년 윤 6월 11일 조선 6대 임금인 단종은 숙부인 수양대군에게 왕위를 물려주게 되었으니 이른바 단종 선위(禪位)이다. 선위란 임금이 살아 있으면서 다른 사람에게 왕위를 물려주는 일로 이보다 앞서 1398년 태조가 정종에게, 1400년 정종이 태종에게, 1418년 태종이 세종에게 선위를 했다. 하지만 단종이 세조에게 왕위를 물려준 것은 선위가 아니라 빼앗은 것이므로 찬위(簒位)라고 할 수 있다.

단종이 세조에게 왕위를 물려주기 전 왕으로서 마지막

한 일이 자신을 길러준 혜빈(惠嬪) 양씨(楊氏)와 숙부인 금성대군(錦城大君)을 귀양 보낸 것이다.

당시 수양대군을 따르던 우의정 한확·이조 판서 정창손(鄭昌孫) 병조 참판 홍달손(洪達孫)·참의 양정(楊汀) 등은 혜빈 양씨·상궁 박씨·금성대군·한남군(漢南君)·영풍군(永豊君) 등이 반역을 도모한다고 하면서 죄줄 것을 청하였다.

이에 단종은 의금부에 명하여 혜빈 양씨를 청풍(淸風)으로, 상궁 박씨를 청양(靑陽)으로, 금성대군을 삭녕(朔寧)으로, 한남군을 금산(錦山)으로, 영풍군을 예안(禮安)으로, 정종을 영월(寧越)로 각각 귀양 보내고 대신들에게 왕위를 숙부인 수양대군에게 선위할 뜻을 말했다. 어머니처럼 보살펴 주었던 혜빈 양씨를 비롯한 인척들을 귀양 보낸 단종은 왕위를 숙부인 영의정 부사 수양대군에게 물려주고자 했던 것이다.

그 결과 1455년 윤 6월 11일 세조는 익선관과 곤룡포를 갖추고는 백관을 거느리고 근정전 뜰로 나아가 선위(禪位)를 받았다.

당시 단종은 선위 교서(禪位敎書)에서 이르기를 "내가 나라의 어려운 때를 당하여 어린 나이에 선왕의 대업을 이어받고 궁중 안에 깊이 거처하고 있으므로 내외의 모든 사무를 알 도리가 없으니, 흉한 무리들이 소란을 일으켜 국가의 많은 사고를 유발하였다. 숙부 수양대군이 충의를 분발하여 나의 몸을 도우면서 수많은 흉한 무리를 숙청하고 어려움을 크게 건졌다. 그러나 아직도 흉한 무리들이 다 진멸(殄滅)되지 않아서 변고가 계속되고 있으니, 이 큰 어려움을 당하여 내 과덕한 몸으로는 이를 능히 진정할 바가 아닌지라, 종묘와 사직을 수호할 책임이 실상 우리 숙부에게 있는 것이다. 숙부는 선왕의 아우로서 일찍부터 덕망이 높았으며 국가에 큰 공훈이 있어 천명과 인심이 따르는 바가 되었다. 이에 이 무거운 짐을 풀어 우리 숙부에게 부탁하여 넘기는 바이다. 아! 종친과 문무의 백관, 그리고 대소의 신료들은 우리 숙부를 도와 조종의 아름다운 유명에 보답하여 뭇사람에게 이를 선양할지어다."라고 하였다.

이렇게 하여 세조는 단종 3년(1455) 윤 6월 11일에 아우인 금성대군의 역모를 계기로 마침내 왕위에 올랐다.

단종 선위 계획은 권남 · 정인지 등이 극비리에 추진한 것으로 비록 선양의 형식을 택하였다고는 하지만, 계략에 따른 왕위의 강탈이었다. 단종이 숙부에게 선위하자 반발하는 대신들이 등장했다.

특히 집현전 학자로서 세종의 신임이 두터웠던 박팽년(朴彭年) · 성삼문(成三問) · 이개(李塏) · 하위지(河緯地) · 유성원(柳誠源) · 유응부(俞應孚) 등과 성삼문의 아버지 성승(成勝)은 상왕으로서 수강궁(壽康宮)에 있는 단종의 복위를 위해 반역파의 숙청을 꾀하고 그 기회를 엿보고 있었다.

이들은 1456년(세조2) 6월 창덕궁에서 명나라 사신을 향응하는 기회를 타서 거사하기로 하였으나, 계획이 어긋나자 김질(金礩)·정창손(鄭昌孫) 등은 사태의 불리함을 보고 이를 밀고하였다.

세조는 이들에게 참혹한 고문을 가했으나 모두 굴하지 않았으므로 성삼문·박팽년·유응부·이개는 작형(灼形: 불살라 죽이는 형벌)으로 형살(刑殺)되었으며, 하위지도 참살되고, 유성원은 자기 집에서 자살하였다. 이들을 사육신이라 부르며, 이에 연루된 자로 권자신(權自愼)·김문기(金文起) 등 70여 명도 모두 처벌되었다.

이 일이 있은 뒤 세조는 상왕 단종도 관계하였다고 여겨 강봉하여 노산군(魯山君)으로 삼아 군사 50명으로 호송케 하여 영월로 귀양 보내고 단종의 어머니 현덕왕후(顯德王后)를 추폐(追廢)하여 서인(庶人)으로 삼고, 세조의 아우 금성대군도 순흥(順興)으로 귀양 보냈다. 그 후 9월에 금성대군은 순흥 부사 이보흠(李甫欽)과 함께 단종의 복위를 꾀하여 영남 인사에게 격문(檄文)을 돌려 군사를 일으키려 하였다. 그러나 밀고가 들어가 탄로 나서 금성대군은 안동에 하옥되고, 이보흠과 기타 영남의 인사들도 목숨을 잃었다.

이 결과 세종의 아들 한남군·영풍군 등도 멀리 귀양 가고 노산군은 군(君)을 폐하여 서인으로 하였다. 이에 영의정 정인지·좌의정 정창손·이조 판서 한명회·좌찬성 신숙주 등은 계속 노산군(단종)과 금성대군을 치죄할 것을 주장하여, 세조는 마침내 금성대군을 사사하고 불과 이때 나이 17세였던 단종 역시 사사하였다.

이 뿐만 아니었다. 단종 복위 운동에 관련된 사람의 가문은 멸문이 되고, 가족들 역시 노비로 전락하였다.

박팽년의 아내 옥금(玉今)은 영의정 정인지에게 주고, 성삼문의 아내 차산(次山)·딸 효옥(孝玉)은 운성부원군(雲城府院君) 박종우(朴從愚)에게 주고, 이개(李塏)의 아내 가지(加知)는 우참찬(右參贊) 강맹경(姜孟卿)에게 주고, 김문기의 아내 봉비(奉非)는 도절제사(都節制使) 유수(柳洙)에게 주고, 유성원의 아내 미치(未致)·딸 백대(百代)는 좌승지(左承旨) 한명회에게 주고, 유응부의 아내 약비(若非)는 예빈시윤(禮賓寺尹) 권반(權攀)에게 주라는 명을 내렸던 것이다.

단종 복위 운동의 실패로 단종과 따르던 충신들은 목숨을 잃고 거기다가 멸문지화를 당했으니 세간에서는 이 일에 대해 입에 올리는 것조차 금기시 하였다. 단종 복위 사건에 연루된 성삼문 등 여섯 신하에 대한 언급을 회피해 오던 중 성종 때 사림파의 영수 점필재(佔畢齋) 김종직(金宗直, 1431~1492)의 제자인 추강(秋江) 남효온(南孝溫, 1454~1492)이 「육신전(六臣傳)」을 지어 단종의 충신들의 충절을 전하여 기리고자 했다.

## 3

## 「육신전(六臣傳)」을 지어 충절을 전하다.

　　노산군으로 강봉된 단종과 단종의 신하로서 충절을 지키고자 했던 사육신에 대한 언급이 금기시 되던 시기에 추강 남효온은 사육신의 행적을 묘사한 「육신전(六臣傳)」을 지어 그들의 충절을 후세에 길이 전하고자 했다.

육신전
(국립중앙도서관 소장)

　　당시 남효온은 죽음을 각오하고 「육신전」을 지었다. 추강이 「육신전」을 짓자 그의 제자들은 화가 미칠 것을 두려워하여 말렸지만, 추강은 웃으면서 "내가 어찌 한 번의 죽음을 두려워하여 충신들의 이름이 사라지게 할 수 있겠는가."라고 하면서 제자들을 타일렀다.

　　1454년생인 남효온은 단종 복위 운동이 일어났던 1456년에는 겨우 3살이었으니, 이를 직접 목격하지는 못했으나 듣고 읽은 것을 바탕으로 기록을 하여 「육신전」을 지었다.

추강은 1478년(성종9) 현덕왕후(顯德王后, 단종의 모친)의 소릉(昭陵)을 다시 원래 위치대로 옮겨야 한다는 상소를 올렸다. 현덕왕후가 단종을 낳고 이틀 만에 죽자 지금의 경기도 안산에 장사를 지냈다. 그런데 세조가 단종의 왕위를 찬탈한 후 어느 날 현덕왕후가 꿈에 나타나 꾸짖고 침을 뱉는 꿈을 꾸게 되었다. 이일로 인하여 화가 난 세조는 소릉을 파헤쳐 버렸고 바닷가 근처에 묻게 하였다. 훗날 세조는 각종 피부병으로 고생하였는데 현덕왕후의 저주라고 전한다.

추강은 이렇게 방치된 무덤을 원래 위치대로 복원하자고 상소를 올린 것이었다. 그러나 임사홍·정창손의 저지로 뜻을 이루지 못하자 추강은 세상을 등지고 유랑 생활로 일생을 마쳤다.

세상을 떠난 후 1504년 갑자사화 때 김종직의 문인으로 폐비 윤씨의 복위를 주장했다 하여 부관참시 되었다가 중종 때 소릉이 복위되면서 신원이 되어 좌승지에 추증되었다.

「육신전」은 1782년(정조6) 출간되어 세상에 널리 알려지게 되었다. 그러니까 1691년 육신의 억울한 누명이 벗겨지고 관직이 회복된 후 근 100년이 지난 후 빛을 보게 된 것이다.

이보다 앞서 1511년(중종6) 참찬관(參贊官) 이세인(李世

仁)이 주장하여 김시습과 남효온 등의 문집을 모아 간행하게 했는데, 이때 「육신전」이 간행돼 세상에 알려지게 된 것으로 추정할 수 있다. 하지만 1576년 선조는 「육신전」을 보고 괴이하게 생각하여 화를 내었다는 기록이 『조선왕조실록』에 실려 있다.

선조가 경연관이 아뢴 것을 따라 남효온이 지은 「육신전」을 가져다 보고 나서 정승들을 불러 전교하기를, "이른바 「육신전」을 보니 매우 놀랍다. 내가 처음에는 이와 같을 줄은 생각지도 못하고 아랫사람이 잘못한 것이려니 여겼었는데, 직접 그 글을 보니 춥지 않은 데도 떨린다.

지난날 우리 세조께서 천명을 받아 중흥하신 것은 진실로 인력으로 할 수 있는 것이 아니었는데 저 남효온이란 자는 어떤 자 이길래 감히 문묵(文墨)을 희롱하여 국가의 일을 드러내어 기록하였단 말인가? 이는 바로 아조(我朝)의 죄인이다. 옛날에 최호(崔浩)는 나라의 일을 드러내어 기록했다는 것으로 주형(誅刑)을 당하였으니, 이 사람이 살아 있다면 내가 끝까지 추국하여 죄를 다스릴 것이다.

기록된 내용 가운데 노산군에 대해 언급하면서 신유년에 출생하여 계유년까지 그의 나이가 13세인데도 16세로 기록하였으며, 세조께서 임신년에 사은사로 중국에 갔었는데 여기에는 부음을 가지고 중국에 갔다고 기록하였다. 또 하위지가 계유년에 조복(朝服)을 벗고 선산(善山)으로 물러가 있었는데 세조께서 즉위하여 교서로 불렀기

3. 「육신전(六臣傳)」을 지어 충절을 전하다.

때문에 왔다고 하였다. 하위지가 갑술년에 집현전에서 글을 올린 것은 무엇인가? 이와 같은 것이 한둘이 아니다. 그 왜곡되고 허탄함은 진실로 믿을 만한 가치가 없는 것이지만, 가슴 아픈 것은 뒷사람들이 어떻게 그 일의 전말을 자세히 알 수 있겠는가 하는 점이다. 한번 그 글을 보고 곧 구실로 삼는다면, 이 글은 사람의 심술을 해치기에 적당한 것이 될 것이다.

또 한가지 논할 것이 있다. 저 육신이 충신인가? 충신이라면 어째서 수선(受禪)하는 날 쾌히 죽지 않았으며, 또 어째서 신발을 신고 떠나가서 서산(西山)에서 고사리를 캐먹지 않았단 말인가? 이미 몸을 맡겨 임금으로 섬기고서 또 시해하려 했으니 이는 예양(豫讓)이 매우 부끄럽게 여긴 것이다. 그런데도 저 육신은 무릎을 꿇고 아조(我朝)를 섬기다가 필부의 꾀를 도모하여 자객의 술책을 부림으로써 만에 하나 요행을 바랐고, 그 일이 실패한 뒤에는 이에 의사로 자처하였으니, 마음과 행동이 어긋난 것이라고 할 만하다. 그런데 열장부(烈丈夫)라고 할 수 있겠는가?

어떤 이는 '헛되이 죽는 것이 공을 세우는 것만 못하고 목숨을 끊는 것이 덕을 갚는 것만 못하다. 성삼문 등은 그 마음에 잠시도 옛 임금을 잊지 않고 있었으므로 아조를 섬긴 것은 뒷날의 공을 세우기 위한 것이다.'라고도 하지만, 이는 그렇지 않다. 진실로 공을 이루는 것만을 귀

히 여기고 몸을 맡긴 것을 부끄럽게 여기지 않는다면 백
이 · 숙제와 삼인(三仁)도 반드시 서로 모의하여 머리를 굽
히고 주나라를 섬기면서 흥복(興復)을 도모했을 것이다.

이로써 보건대 이들은 자기 임금에게 충성을 바치지
않았을 뿐 아니라 또한 후세에도 모범이 될 수 없는 것
이다. 그래서 내가 이제 드러내서 아울러 논하는 것이다.
더구나 사람은 각기 군주를 위하는 것인데 이들은 아조
(我朝)의 불공대천(不共戴天)의 역적이니 이들은 오늘날 신
하로서는 차마 볼 것이 아니다. 내가 이 글을 모두 거두
어 불태우고 누구든 이에 대해 서로 이야기하는 자가 있
으면 그도 중하게 죄를 다스리려 하는데 어떠한가?"라고
하였다.

「육신전」을 보고 선조가 이같이 꾸짖자 신하들은 "신들
이 삼가 비망기를 보니 놀라와 어찌할 바를 모르겠습니
다. 신들이 일찍이 「육신전」에 대해서 경연 석상에서 아
뢴 자가 있다는 것을 듣고 마음이 매우 불안하였습니다.
지금 상의 분부가 애통하고 간측한 것은 진실로 천리(天
理)에 합당한 일입니다. 다만 이 글의 잘못된 점과 사실
에 어긋나는 것이 진실로 성유(聖諭)와 같더라도 여염(閭
閻) 사이에 드물게 있는 책이며 또 세월이 오래되어 점차
없어져 가는 끝인데 만약 수색하는 일을 시행한다면 반
드시 큰 소란이 일어나서 끝내는 이익됨이 없게 될 것입
니다. 또 이 요망스러운 책을 진실로 식견이 있는 사람

3. 「육신전(六臣傳)」을 지어 충절을 전하다.

이라면 누가 감히 서로 이야기하겠습니까? 이 책에 대해서 이야기하는 것을 금한다는 법이 일단 내리게 되면 풍속이 각박한 이런 때에 고알(告訐)하는 길이 이로부터 열리게 되고 무고(誣告)하는 폐단도 또한 우려하지 않을 수 없습니다. 중외의 사람들이 이런 일이 있었다는 것을 보고 들으면 마땅히 조심하고 두려워하여 금령(禁令)을 내리지 않아도 저절로 중지될 것입니다."라고 했다.

上因經筵官所啓 取南孝溫六臣傳 觀之 招三公 傳曰 今見所謂
六臣傳 極可驚駭 予初不料至於如此 乃爲下人所誤 日見其書
不寒而栗 昔我光廟 受命中興 固非人力所致 彼南孝溫者何人
敢自竊弄文墨 暴揚國事 此乃我朝之罪也 昔崔浩以暴國史見
誅 此人若在 予必窮鞫而治之矣 所錄中語魯山生於辛酉 至癸
酉 其年十三 而以十六書之 光廟壬申 以謝恩使朝天 而乃書之
曰 持訐使於上國 又曰 河緯地 於癸酉 盡賞朝服 退去善山 光
廟卽位 敎書致之就召 云 緯地於甲戌年 在集賢殿上書 何耶
若此之類 不一而足 其誕妄不經 固無足信 所可痛者 後人豈能
細知其事之首末乎 一見其書 便以爲口實 則此書適足爲壞人
心術之物也 抑又有一論焉 彼六臣 忠耶 否 如忠耶 何不快死
於受禪之日 如其不然 又何不納履而去 採薇於西山耶 旣爲委
質北面 又求害之 是豫讓之所深恥 而彼六臣者 屈膝於我朝 奮
匹夫之謀 逞刺客之術 以冀僥倖於萬一 及其事敗之後 乃以義
士自處 可謂心迹猥狠矣 其得爲烈丈夫乎 或曰 虛死不如立功

滅名不如報德 三問等 其心未嘗頃刻 而不在於舊主 所以北面
於我朝 將以期其後功 是不然 苟以成功爲貴 而不自恥其委質
則夷齊 三仁 必相與爲謀 北面而事周 以圖興復矣 由茲以觀
此輩非獨不得致忠於其主 亦不可爲法於後世也 故予今表而竝
論之 況人各爲主 此輩與我朝 乃不共戴天之賊 則此書非今日
臣子所可忍見 余欲盡取此書而焚之 或偶語者 亦重治何如 回
啓曰 臣等伏見備忘記 驚懼罔措 臣等曾聞有以六臣傳 爲言於
經席者 心極未安 今者上敎傷痛懇惻 允合天理 但此書訛誤失
實 誠如聖諭 閭閻之間 罕有之 而年久湮沒之餘 若爲搜索之擧
必致大擾 終爲無益矣 且此妄書 苟有識者 孰敢偶語 偶語之禁
一下 則當風俗薄惡之時 告訐之路 從此而開 誣枉之弊 亦不可
不慮 中外之人 見聞所及 謹當兢省惕然 不待禁令而止矣

〈선조 9년 병자(1576) 6월 24일 기사〉

선조는 추강이 지은 「육신전」을 보고 왜곡되고 허탄하여
진실로 믿을 만한 가치가 없는 것이라고 했다. 열성조를
모욕한 것도 모자라 사실마저 왜곡하였다고 하면서 사람
들의 심술(心術)을 해치기에 적당한 글이라고도 했다.

뿐만 아니라 선조는 육신(六臣)이 충신이라는 것을 강
하게 부정했다. "충신이라면 어째서 수선(受禪)하는 날 바
로 죽지 않았으며, 또 어째서 신발을 신고 떠나가서 서
산(西山)에서 고사리를 캐먹지 않았단 말인가."라고 하면
서 "이미 몸을 맡겨 임금으로 섬기고서 또 시해(弑害)하려

**25**
3. 「육신전(六臣傳)」을 지어 충절을 전하다.

했으니 이는 예양(豫讓)이 매우 부끄럽게 여긴 것이다. 그런데도 저 육신은 무릎을 꿇고 아조를 섬기다가 필부(匹夫)의 꾀를 도모하여 자객(刺客)의 술책을 부림으로써 만에 하나 요행을 바랐고, 그 일이 실패한 뒤에는 이에 의사(義士)로 자처하였으니, 마음과 행동이 어긋난 것이라고 할 만하다. 그런데 열장부(烈丈夫)라고 할 수 있겠는가?"라며 육신의 충절을 폄훼했다.

그리고 선조는 조정의 신하들에게 토론을 부쳤다. 여러 신하들이 이 책이 세월이 오래되어 점차 없어져 가는 끝인데 수색하는 일은 이익이 되지 못하며 금령을 내리지 않아도 저절로 중지될 것이라고 하여 무마되었다.

선조의 입장에서 육신을 충신으로 인정하면 세조를 부정하게 되는 것이므로 노발대발할 수밖에 없었다. 하지만 신하의 입장에서 「육신전」의 육신은 상왕 단종을 복위하려 했던 '충신불사이군(忠臣不事二君)'의 충신인 것이다.

선조 이후 「육신전」은 숙종 대에 이르기까지 사림들 사이에서는 계속 전해진 것으로 보인다. 인조 때 육신을 충신이라 거론한 것과 효종 때 육신을 차례로 거론하며 정려를 상소한 내용이 있다.

또한 숙종 29년(1703) 10월 13일 경상도 유학 곽억령이 조려의 사당을 만들 것을 상소한 내용 가운데 「육신전」에 입전된 인물을 차례차례로 열거한 것을 보면 「육신전」은 선비들 사이에서는 지속적으로 전해진 것을 알 수 있다.

마침내 정조 14년(1790) 이조에서 이개(李塏)의 매부 허조(許慥)의 관작을 회복하고 추증하는 내용 가운데 선조 이후 처음으로 「육신전」이 실록에 언급되었다.

즉 "수찬 허조는 이개의 매부로서 모의에 참여하였다가 스스로 목을 찔러 죽었으므로 법률에 따라 처단을 하였다고 하였으며, 남효온이 편찬한 「육신전」에 의하면, 허후의 아들인 수찬 허조가 병자년의 화란에 죽었고 그의 아비인 정간공은 성삼문 등과 함께 죽었다고 하였습니다. 그의 아비에게 관작을 회복시키고 시호를 준 뒤에도 그의 아들만은 은전을 입지 못하였으니, 이것은 실로 조정이 미처 시행할 겨를이 없었던 은전입니다. 허조의 관작을 회복시킬 데 대한 청원을 허락하는 것이 마땅합니다.(修撰許慥以李塏妹夫 參謀自刎而死 依律論斷 南孝溫所撰六臣傳曰 許詡之子修撰慥 死於丙子之禍 其父貞簡公與成三問等同死 其父復官贈諡之後 其子獨未蒙恩 實是朝家未遑之典 許慥復官之請 允合許施)"라는 글에서 알 수 있듯이 허조의 관작을 회복시키는 일에 중요 근거로서 언급되었다. 이는 선조의 폄훼에도 불구하고 추강의 「육신전」은 선비들 사이에 널리 알려졌던 것으로 짐작할 수 있다.

결론적으로 「육신전」은 중종 때 지어져 선조 이후 선비들 사이에서만 전해지다가 마침내 정조 시대에 이르러 공식적으로 간행하여 유행하게 되었던 것이다. 공식적인 출간이 이토록 오래 걸린 것은 세조에 항거한 인물들의

거사를 세조를 이은 왕조에서는 용납할 수 없었을 것이
다. 하지만 사림들은 상왕 복위라는 충신불사이군의 충
절을 기리고 싶었으니 이것이 「육신전」이 비로소 세상에
널리 알려지게 된 계기가 아닌가 싶다.

## 4
## 단종 묘소에 제사를 봉행하다.

　오랜 세월동안 단종과 관련된 일을 금기시 했지만, 단종의 유배지와 묘소가 있는 영월 백성들은 단종의 애틋함을 마음속에 간직하며 사모하고 있었다.

　조정에서도 이러한 백성들의 마음을 등한시 할 수는 없었다. 1516년(중종11) 중종은 우승지 신상(申鏛)을 보내어 노산군의 묘에 제사를 봉행하게 했는데, 신상이 와서 복명하고 김안국(金安國)과 함께 말하다 눈물을 흘리기까지 하며 "묘는 영월군 서쪽 5리 길 곁에 있는데 높이가 겨우 두 자쯤 되고, 여러 무덤이 곁에 총총했으나 고을 사람들이 군왕의 묘라 부르므로 비록 어린이들이라도 식별할 수 있었고, 사람들 말이 '당초 돌아갔을 때 온 고을이 황급하였는데, 고을 아전 엄흥도(嚴興道)란 사람이 찾아가 곡하고 관을 갖추어 장사했다.'고 하며, 고을 사람들이 지금도 애통하게 여긴다."라고 하였다.

1581년에는 강원도 관찰사 정철(鄭澈)이 장계하기를, "노산이 비록 위호(位號)는 삭제되었다고 하더라도 오히려 군(君)에 봉해졌으니 그 묘에 마땅히 품제(品制)가 있어야 할 것인데, 묘역에 석물이 없고 초동목수(樵童牧竪)도 금하지 않고 있어서 길가는 사람마다 가슴 아파합니다. 과거 역사를 상고해 보면 비록 항우와 같은 원수도 고조는 왕의 예로 장사를 지내주었고 제거된 건문(建文) 같은 임금도 성조(成祖)는 천자의 예로 장사를 지내주었습니다. 분묘를 수축하고 석물을 세울 것은 물론 관원을 보내 치제하소서."라고 하였다. 이에 중종은 대신과 의논하여 분묘를 수축하고 석물을 세울 것은 물론 근신(近臣)을 보내 치제(致祭)하도록 하라는 명을 내렸다.

1669년 8월에 정언 김덕원(金德遠)이 상소를 하여 노산(魯山)·연산(燕山)·광해(光海) 세 폐군(廢君)에 대해서 후사를 세우고 성삼문(成三問) 등 육신을 정표하고 사당을 세우게 할 것을 청하였다.

당시 조정의 논의 결과는 아래와 같았다.

노산군은 우리 임금의 적자로서 죄 없이 자리에서 물러났으므로 충신열사들이 지금도 눈물을 흘리고 있으니 입후하여 제사를 지내게 하는 것이 실로 옳은 것이다. 그러나 연산의 포악한 짓은 걸(桀)과 주(紂)보다 더하였고 광해의 죄는 윤기(倫紀)에 관계되는 것이었는데 어떻게 노산과 더불어 입후할 것을 청할 수 있겠는가. 그리고 성

단종묘소

삼문 등은 성사 시키지 못할 것을 알면서도 하였으니, 그
충절이 지극하고 뜻이 비장하다. 중국의 고사에 따라 그
들의 관작을 회복시켜 주면 충분한 것이다. 정표하고 사
당을 세우게 하는 문제는 본조에서 거론할 수 없는 것인
데 김덕원이 함부로 말하였으니 체직이 마땅하다.

노산군에게 후사를 세워 제사를 지내게 하고 성삼문
등은 충절을 기려 관작을 회복 시켜주는 것은 가능하나
정표와 사당을 세우는 것은 불가하다고 하면서 상소를
한 김덕원을 체직시켜 버렸다.

이 글에서 단종 사후 100여 년 동안 충신 열사들은 단
종을 생각하면서 눈물을 흘리고 있었으며, 또한 성삼문

등의 충절도 지극하고 비장하다는 것을 인식하고 있었다
는 것을 알 수 있다.

# 5

## 단종과 충신들의 복권 공론화

　숙종 대에 들어와 단종의 억울함과 그를 따랐던 충신들의 충절에 대해 공론화하기 시작했다. 1680년(숙종6) 12월 22일 강화 유수(江華留守) 이선(李選)이 상소하여, 노산군의 육신(六臣)과 황보인·김종서의 억울함을 논하며 말하기를, "우리 세조 대왕께서 천명을 받을 당시는 황보인·김종서 같은 신하는 일찍 스스로 귀부할 수가 없었고 성삼문·박팽년 같은 신하는 망령되게 옛날 국사(國士)를 본받으려고 하다가 그 자신들이 극형을 면하지 못하고 아직까지 죄인의 명단에 실려 있습니다. 저 신하들이 어찌 옛 임금에게 천명이 이미 끊어졌고 참다운 분에게 역수가 이미 돌아간 것을 몰랐겠습니까마는 끝내 본래의 뜻을 지키다가 죽으면서도 후회하지 않았던 것은 신하는 각각 그 임금을 위해야 하는 것으로서 군신의 대의는 스스로 허물어버릴 수 없다고 여긴 데에 지나지 않습니다. 세조께서 비록 위태롭고 의심스러운 때를 당하였으므로 이들을 제거하지 않을 수 없었으나 사실은 그들의 지조를 아름답게 여겼습니다. 그래서 상시에 여러 신하에게 하교하시기를, '성삼문 등은 금세의 난신이나 후세의 충신이다.'하셨고 또 훈사를 지어 예종 대왕에게 보여주시며 말씀하시기를, '나는 어려운 시대를 만났으나 너는 태평한 시대를 만났다. 일은 세대에 따라 변하는 것이다. 만약 나의 행적에 구애되어 변통할 줄을 모른다면 이는 이른바 둥근 구멍에 모난 자루를 끼우려는 것과 같다.'고 하셨습니다. 그래서 세조께서 병환으로 계실 적에 예종 대왕이 동궁으로 있으며 모든 사무를 결정하면서 맨 먼저 계유년과 병자년에 죄를 입었던 여러 신하를 모두 석방하라고 명하였는데 연좌된 사람이 무릇 2백여 명이었습니다. 그러니 용서해주는 은전이 이미 세조가 계실 때에 시행되었던 것입니다. 생각해보면 선왕 조 때의 유신(儒臣) 송준길(宋浚吉)이 성삼문 등의 일을 말씀드리니, 선왕께서 극히 감탄하시며 말씀하시기를, '성삼문은 곧 방효유(方孝孺)와 같은 유(類)이다.' 하셨으니, 거기에서도 더욱 열성(列聖)께서 김종서 등을 죄인으로 대하지 아니하였음을 알 수 있습니다. 삼가 열성의 남기신 뜻을 받들어 여러 신하의 죄명을 씻어주는 것은 성상께서 그 뜻을 계승하는 데에 있지 않겠습니까?"라고 하였다.

임금이 답하기를, "걱정과 사랑의 마음으로 진언(進言)하는 정성은 내가 아주 가상하게 여긴다. 어찌 체념(體念)하지 않겠는가? 상소 중에 육신에 대한 일은 내가 모르는 것이 아니나 다만 건문(建文)의 여러 신하와는 이미 차이가 있고 열성조에서도 죄를 용서한 적이 없다. 그 분묘를 봉해 준다든가 사림에서 존모하는 등의 일에 있어서는 굳이 금지할 필요가 없겠다. 그 밖에 별도로 은전을 베풀기는 어렵다."라고 하였다.

江華留守李選上 疏請又論魯陵六臣及皇甫仁 金宗瑞之冤曰 當我世祖大王受命之時 有若臣皇甫仁 金宗瑞等以不能早自歸 附有若臣成三問朴彭年等以妄效古人國士之報 不免身被極禍 尙在罪籍 彼諸臣者 豈不知天命之已絕於舊主 曆數之已歸於 眞人 而終守素志 至死不悔者 不過臣各爲其主 君臣大義 有不 可以自毀也 聖祖雖當危疑之際 不得不誅除 而實嘉其志操 故 當時下敎於群臣曰 三問等 今世之亂臣 後世之忠臣 又製訓辭 以示睿宗大王曰 予當屯 而汝當泰 事隨世變 若拘於吾跡 而不 知變通 則所謂圓鑿而方枘也 故當聖祖違豫之時 睿宗在東宮 參決庶務 首命悉放癸酉丙子被罪諸臣緣坐凡二百餘人 原赦之 恩 已行於聖祖臨御時矣 記昔 先朝儒臣宋浚吉仰陳三問等事 先王極加歎賞曰 三問乃方孝孺之類也 於此益見列聖之待宗瑞 等不以罪人也 恭承列聖之遺意 爰滌諸臣之罪名 其不在於聖 明之繼述乎

上答曰 憂愛進言之誠 予庸嘉尙 可不體念 疏中六臣事 予非不

知 但與建文諸臣 旣有差異 列聖朝亦未嘗宥罪矣 若夫封植墳

墓 士林尊慕等事 不必禁止而已 此外有難別施恩典也

〈숙종 6년(1680) 12월 22일 기사〉

숙종은 황보인 등 육신들에게 분묘를 봉해 준다든가 사림에서 존모하는 등의 일에 있어서는 굳이 금지할 필요가 없지마는 그 밖에 별도로 은전을 베풀기는 어렵다고 했다.

1681년 숙종은 주강(晝講)에서 말하기를 "정비에게서 태어난 사람은 모두 대군·공주라고 일컬으니, 노산군도 당연히 대군으로 일컬어야 한다. 그것을 대신에게 의논하도록 하라."고 하였다. 이에 대신이 모두 타당하게 여기자 마침내 대군으로 추가하여 일컫도록 명하고, 승지를 보내어 그의 묘에 치제(致祭)하도록 하였다.

1691년(숙종17) 9월 2일 숙종이 노량진(露梁津)을 건너 성삼문 등 육신의 무덤이 길 옆에 있는 것을 보고 그 절의에 감동하여 특별히 명하여 관원을 보내어 사제(賜祭)하게 하고, 이어서 가까운 신하를 노산 대군의 묘에 보내어 제사하게 하였다.

판부사(判府事) 김덕원(金德遠)이 말하기를, "육신의 무덤은 예전부터 전하여 오는 말이 있기는 하나 그래도 명백히 의거할 만한 증험이 없습니다. 박팽년의 후손인 고

(故) 군수 박숭고(朴崇古)가 일찍이 이를 위하여 비석을 세워 표지(表識)하였으나 감히 조상의 무덤이라고 틀림없이 말하지 못하였다 합니다."하니 임금이 드디어 그 사당에 제사하게 하였다.

사당은 강가에 있어 무덤과는 언덕하나 사이로 가까운데, 선비들이 일찍이 세운 것이었다. 또 예관(禮官)이 복관(復官)하지 못하였다는 말을 들었다고 말함에 따라 전교하기를, "육신은 명(明)나라의 방효유(方孝孺)와 무엇이 다르겠는가?"하고 곧 복관하고, 사당의 편액(扁額)을 내리라고 명하였다. 이조 판서 유명현(柳命賢)이 다른 대신에게 묻기를 청하였으나, 임금이 물을 필요가 없다 하고 결단하여 행하였다. 이윽고 승지 목창명(睦昌明)·김원섭(金元燮)이 번갈아 아뢰기를, "여러 조정에서 서두르지 않은 데에는 은미한 뜻이 있는 듯하니 이제 쉽사리 거행하는 것은 마땅하지 못합니다."하고 힘껏 청하니 임금이 비로소 전에 명한 것을 우선 멈추고 노산묘(魯山墓)의 제사만을 거행하게 하였다.

1698년(숙종24) 전 현감 신규(申奎)는 노산군의 왕호를 추복할 것을 주장하는 상소를 하자 숙종은 노산군의 추복을 청한 신규의 상소에 대해 널리 의견을 물었다. 이때 예조에서 대신·종친과 문무관 2품 이상, 그리고 삼사(三司)로 하여금 빈청(賓廳)에서 회의하기를 청하고 또 다시 이 일은 마땅히 더 신중을 기해야 할 것이니 문관의 당상관·당하관과 일찍이 시종(侍從)을 지낸 자들과 같이 헌의(獻議)하기를 청하였다.

임금이 마침내 빈청(賓廳)에 비망기를 내려 이르기를, "내가 생각하기로는 세조께서 선위를 받으신 초기에는 노산 대군을 존봉(尊奉)하여 태상왕으로 삼았고 또 한 달에 세 번씩이나 문안하는 예(禮)를 시행하였다. 불행하게도 마지막에 내린 처분은 아마도 세조의 본뜻이 아닌 듯하며 그 근원을 추구해보면 육신에게 말미암은 것이다. 그런데 육신이 이미 정포되었는데 그들의 옛 임금의 위호(位號)를 추복(追復)하는 것은 또다시 어떤 혐의와 장애가 있는지 알 수 없으나 명나라 경태제(景泰帝)의 일은 비록 서로 같지 않다고 하더라도 역시 본받아 시행할 수 있는 것이다. 나의 생각으로는 이제 추복하게 되면 이는 세조의 성덕(盛德)에도 더욱 빛이 있을 것으로 여긴다."라고 하면서 노산군의 왕호를 추복할 의사가 있음을 조정의 대신들에게 알렸다.

마침내 11월 6일 대신(大臣)들을 빈청(賓廳)에 모이라 명하고 노산 대군의 시호를 추상(追上)하여 '순정 안장 경순 대왕(純定安莊景順大王)'이라 하고 묘호(廟號)는 단종(端宗)이라 하니 예(禮)를 지키고 의(義)를 잡음을 단(端)이라 한다. 능호(陵號)는 장릉(莊陵)이라 하였다. 부인의 시호(諡號)를 '정순(定順)'이라 하니 순행(純行)하여 어그러짐이 없음을 정(定)이라 하고 이치에 화합하는 것을 순(順)이라 한다 하였다.

# 6

## 단종의 충신들을 복권하다.

1691년(숙종17) 12월 5일 숙종이 육신(六臣)을 포장(褒獎)하는 일을 진주사(陳奏使) 민암(閔黯)에게 물었다. 민암이 대답하기를, "공자는 주나라의 신하인데도 백이·숙제를 찬양하였습니다. 명나라의 방효유(方孝孺)와 우리 동방의 정몽주의 일로 보더라도 본디 절의를 포장하는 데에는 혐의할 것이 없는데, 더구나 세조께서 후세의 충신이라 하신 말에서도 숨은 뜻을 알 수 있습니다."라고 하자 임금은 즐거운 마음으로 들었다.

다음날인 12월 6일 숙종은 예조에 명하여 특별히 명하여 성삼문 등 여섯 사람을 관작을 회복시키고 관원을 보내어 치제하게 하였다. 사당의 편액을 '민절(愍節)'이라 내리고 비망기를 내리기를, "나라에서 먼저 힘쓸 것은 본디 절의를 숭장(崇獎)하는 것보다 큰 것이 없고 신하가 가장 하기 어려운 것도 절의에 죽는 것보다 큰 것이 없다. 저

육신이 어찌 천명과 인심이 거스를 수 없는 것인 줄 몰랐겠는가마는 그 마음이 섬기는 바에는 죽어도 뉘우침이 없었으니 이것은 참으로 사람이 능히 하기 어려운 것이어서 그 충절이 수백 년 뒤에도 늠름하여 방효유·경청(景淸)과 견주어 논할 수 있을 것이다. 마침 선왕의 능에 일이 있어서 연(輦)이 그 무덤 옆을 지남에 따라 내 마음에 더욱 느낀 것이 있었다. 아! 어버이를 위하는 것은 숨기는 법인데 어찌 이 의리를 모르랴마는, 당세에는 난신이나 후세에는 충신이라는 분부에 성의(聖意)가 있었으니 오늘의 이 일은 실로 세조의 유의(遺意)를 잇고 세조의 성덕을 빛내는 것이다.(特命該曹 復成三問等六人爵 遣官致祭 賜祠額愍節 下備忘記曰 有國所先務 固莫大乎獎義崇節 人臣之所最難 亦莫過乎伏節死義 彼六臣 豈不知天命人心之不可逆 而乃心所事 死而無悔 是誠人所難能 而其忠節凜凜乎數百年之下 可與方孝孺景淸比論矣 適因有事先陵 輦過墓傍 於予心尤有所感者 噫 爲親者諱 詎昧斯義 而當世亂臣後世忠臣之敎 聖意有在 今日此擧 實所以紹世祖之遺意 光世祖之盛德也)"라고 하였다. 이어 12월 21일에는 성삼문 등 육신의 후손에게도 관직을 내리게 했다.

1692년 1월 25일 숙종은 육신들의 관직을 복구하는 고신(告身)을 특별히 이조로 하여금 만들어서 그 자손에게 주도록 하고 자손이 없는 사람의 것은 서원에 주어 후세에 전하도록 하되 서원의 액호를 처음에는 '민절사(愍節祠)'라고 정했다가 해당 관서로 하여금 서원이라고 고치도록 계하(啓下)하였다.

　민절서원은 1681년(숙종7) 9월 서울과 지방의 유림들
이 사육신의 제향을 위해 사당으로 건립하였다. 1691년
(숙종17) 9월에는 국왕이 김포 장릉(章陵)에 거둥하는 길에
노량진을 들러 성삼문 등 사육신의 묘와 영월 노산대군
의 묘에 치제하였다. 이어서 사육신의 복권과 함께 같은
해 12월 민절사라고 사액하였다가 1692년(숙종18) 1월에
서원으로 고치고 3월에 복관 고유제를 거행하였다. 이후
정조나 고종 등이 치제문을 내리는 등 국가에서 관리를
하였다. 하지만 서원 훼철령으로 현재는 터만 남아 있고,
그 터에 육신사(六臣祠)라는 사당과 오석으로 제작된 6각
의 '사육신지묘비'가 세워져 있다.

　이보다 앞서 1680년(숙종6) 12월 22일 강화 유수 이선
의 상소로 인해 당시 노산군과 사육신의 분묘를 봉해 준
다든가 사림에서 존모하는 등의 일에 있어서는 굳이 금
지할 필요가 없다는 명을 내리자 1685년(숙종11) 강원도
관찰사 홍만종(洪萬鍾)과 영월 군수 조이한(趙爾翰)이 노산
군의 묘소 옆에 육신사라는 3칸의 사우를 세웠는데,
1698년 노산군에 대한 복위 문제가 본격적으로 거론되
면서부터 왕릉 곁에 신하들의 사당을 둘 수 있느냐가 논
란이 되면서 1705년 현재의 영월군 영월읍 영흥리로 이
건하였다. 이후 1709년 영월 유생의 소청으로 '육신사'를
'창절사(彰節祠)'로 고쳐 사액(賜額)을 내렸다.

창절서원

　당초에는 사육신만이 배향되었으나 창절사로 사액되면서 이후로 김시습과 남효온·박심문·엄흥도가 추가로 배향되었으며, 창절서원(彰節書院)으로 개칭되었다. 현재 서원에는 2층 누문(樓門)인 배견루(拜鵑樓)가 정문으로 되어 있고 그 안에 창절서원(彰節書院)이라 현액(懸額)된 강당이 있으며 그 뒷 쪽으로 내삼문을 거쳐 들어가면 창절사와 동·서무(東·西廡)가 있다.

　내삼문에는 예전의 '六臣祠'현판이 걸려 있고 '창절사' 현판은 1709년 윤사국(尹師國)이 쓴 것이다. 이곳의 건물은 1788년(정조12)의 대대적인 보수를 비롯하여 그 뒤 여러 차례 중수와 보수를 거쳤다. 매년 봄·가을에 제향을 올린다.

　이처럼 단종과 사육신이 복권되고 이들을 위한 서원이

건립되는 등 1700년대 들어와서 사육신의 충절이 재평
가되기 시작하자 사육신처럼 목숨을 버리지는 못했지만
절개만큼은 사육신에 뒤지지 않았던 생육신에 대한 언급
을 하기 시작했다.

## 7 생육신의 등장

1703년(숙종29) 경상도 유학(幼學) 곽억령 등이 조려의 사당을 짓도록 요청하는 상소를 하면서 "단종께서 손위 하던 날 죽음으로 절개를 온전히 한 이(死而全節者)로는 성삼문·박팽년·이개·하위지·유성원·유응부 6신(六臣)이 있고, 살아 있으면서 의리를 지킨 이(生而守義者)로 는 원호·김시습·이맹전·성담수·남효온 및 조려 여 섯 명이 있는데, 저 성삼문·박팽년 등 육신은 무덤을 한 곳에 만들고 당도 한 곳에 만들어 제향하고 있으니, 이 여섯 명도 또한 마땅히 그들의 예에 따라서 모두 제사하 도록 해야만 하였습니다."라고 하면서 '죽음으로 절개를 온전히 한 이(死而全節者)' 즉 사육신과 '살아 있으면서 의 리를 지킨 이(生而守義者)'를 비교하면서 이들을 사육신의 예에 따라 제사할 것을 주장하였다.

생육신이라는 용어는 아직 등장하지 않았지만 조려 등

살아서 의리를 지킨 신하를 6명으로 한정 지어 사육신과 같은 예로써 대접해야 한다는 것은 상당히 의미 있는 일이라고 할 수 있다.

곽억령 등은 김시습과 조려를 포함한 6명의 사적을 사육신에 견주어 평가하였다. 여기서 '생육신'이라는 명칭은 사용하지 않았으나 생육신에 해당하는 6인을 사육신에 준하여 함께 제향 하고자 하였다는 점에서 시사하는 바는 크다고 할 수 있다.

78년 후인 1781년(정조5) '생육신'이란 용어가 왕조실록에 등장한다. 조려의 후손인 봉조하(奉朝賀) 조중회(趙重晦)가 선조의 시호를 청하는 상소를 올리는데, 이 글에서 생육신이란 말이 나온다.

봉조하 조중회가 상소하기를, "신의 10대조 중 참판 조려는 곧 단종 조에 절의를 지킨 신하로서 을해년 이후 문을 닫고 자취를 끊은 채 도를 지니고서 일생을 마쳤으니, 그 정충(貞忠)·고절(苦節)은 실로 김시습·원호·남효온·성담수·이맹전 등 여러 사람들과 일체로 뜻을 함께 하였던 것은 물론 세상에서 일컫는바 생육신입니다. 고 참찬 이미가 묘표에 쓰기를, '선생의 마음은 뒷사람이 선을 그어 헤아려 알 수 있는 바의 것이 아니다. 만일 서산의 두 아들이 당시에 태어났다면 반드시 서로 심곡(心曲)을 털어놓고 하늘을 우러러 장탄식을 했을 것이다.'하였고 고 판서 성문준은 전을 찬하기를, '노산이 내선(內禪)한 뒤로 공

(公)이 다시는 과거에 응시하지 않고 절의를 지켜 길이 은 둔하였다.'하였고, 선정신 이재가 신도비를 찬하기를, '공 은 경태 계유년에 진사에 합격하였는데, 사망(士望)이 매 우 중하였다. 그런데 어느 날 제생들에게 인사하고 돌아 간 다음, 일생 동안 다시 나오지 않은 채 낚시로 물고기 나 잡으면서 스스로 즐겼다. 이렇게 스스로 자취를 숨겼 으므로 칭도하는 사람이 없었다. 선배의 입론(立論)과 백 세의 공의는 속일 수 없는 것이다.'라고 하였는데, 지난번 역명(易名)의 은전(恩典)이 유독 이맹전에게만 미쳤고 신의 선조에게는 미치지 않았으니 성조에서 숭장(崇奬)·격려 하는 정사에 있어 어찌 흠결스러운 탄식이 없을 수 있겠 습니까? 삼가 바라건대, 신의 선조의 우뚝한 절의를 굽어 살피시어 한결같이 고 정언 이맹전의 전례에 의거 특별히 증시(贈諡)하는 은전을 내리소서."라고 했다.

奉朝賀 趙重晦上疏曰 臣十代祖贈參判臣旅 卽端廟朝守義之臣
乙亥以後 杜門斂跡 抱道終身 貞忠苦節 實與金時習元昊南孝
溫成聃壽李孟專諸人 同志一體 而世所稱生六臣者也 故參贊李
薇 題于墓曰 先生之心 非後人所可涯涘 若使西山二子 生於當
日 必相與開心曲 仰天長吁 故判書成文濬撰傳曰 魯山內禪 公
不復應擧 抗節長逝 先正臣李縡 撰神道碑曰 公景泰癸酉進士
士望甚重 一日揖諸生歸 終身不復出 漁釣以自樂 其跡隱晦 人
無以稱焉 先輩之立論百世之公議 不誣 而迺者 易名之恩 獨及

於孟專 不及於臣祖 在聖朝崇獎激勵之政 豈無欠缺之歎乎 伏
願俯諒臣祖卓然之節 一依故正言李孟專例 特賜贈諡之典

〈정조 5년(1781) 9월 29일 기사〉

조중회의 상소를 본 정조는 "특별히 청한 바를 허락한
다. 담당 관서로 하여금 전례를 살펴 거행하게 하라."는
비답을 내렸다.

이 글에서 조중회는 조려와 김시습·원호·남효온·
성담수·이맹전 등을 세상에서 생육신이라고 일컫는다
고 밝혔다. 그러니까 이 당시 세간에서 이미 생육신의 충
절이 널리 거론되었으며 이로 인해 조중회가 선조인 조
려의 시호를 청한 것으로 보인다.

# 8

## 생육신에 대한 포장

　'생육신'이란 용어가 등장하기 전 이미 원호와 김시습의 포장이 조정에서 논의되었다. 단종이 복위되던 이듬해인 1699년(숙종25) 2월 단종 복위에 따른 후속 조치를 논의하는 자리에서 최석정(崔錫鼎)은 두 사람의 충절을 소개하였다.

　당시 최석정은 "육신의 사당을 그대로 보존시키고 엄흥도를 포증(褒贈)한 것은 성스럽고 덕스러운 일입니다. 듣건대 원호는 문종조에 벼슬하여 직제학을 지냈는데 단종 초년에 원주에 물러가 살다가 단종이 승하하자 영월로 들어가 3년상을 입었다고 합니다. 세조 때 특별히 호조 참의에 제수하고 누차 불렀으나 나아가지 않았다고 하니 정표하여 권장하는 도리가 있어야 합니다. 그리고 선비 김시습은 세조 때부터 중이 되어 머리 깎고 세상을 피하였다가 중간에 환속하여 아내를 얻었으나 자손이 없

습니다. 그의 문장과 절행이 우뚝하여 숭상할 만하니 증
직시키고 사제하여야 합니다."라고 하니 임금이 원호는
정려하고 김시습은 증직시키고 사제하도록 하라고 명하
였는데 해당 관서에서 집의에 추증하였다.

1701년(숙종27) 정월에는 어계에 대한 포장 요청이 조
정에 올라갔다. 이 해 정월 영남 유생 신만원(辛萬元) 등
이 상소하여 조려의 행적을 소개하고 원호 김시습과 같
은 표양(表揚)의 은전(恩典)을 행할 것을 청하였다.

상소문의 내용은 아래와 같다.


엎드려 생각건대, 신 등은 모두 영남에 살고 있는 누추
한 부류로서 태어나서 우리 동방의 밝은 세상을 만났습
니다. 우연히 듣건대, 전하께서 세조의 어진 뜻을 계승하
여 단종의 왕위를 회복시키고 육신으로 단종의 사당에
배향하도록 하였다 하니 이것은 진실로 역대 제왕들이
베풀지 않았던 훌륭한 절도로 높고 큰 덕이 하늘과 땅 같
습니다. 온 나라 백성들이 그 누군들 기뻐하고 춤추며 큰
성인의 업적을 칭송하지 않겠습니까.

또 얼마 후 들으니, 대신이 아뢰어 원호와 김시습 두 사
람에게 혹 제문을 내리고 증직하고 혹은 정려를 내린 큰
은혜는 세상에 드문 은총으로 지하의 유골도 또한 감격하
였을 것이니 실로 이것은 백대의 청사에 보기 드문 성대
한 성전입니다.

엎드려 생각건대 단종초의 진사였던 조려의 곧은 절의와 높은 행적은 세월이 오래되어도 인멸될 수 없는 것인데도 유독 선양, 증직하고 제사를 내리는 것에 누락되었으니, 이것은 절의를 숭상하고 격려하는 방법에 결점이 되며 또한 숨은 덕행을 널리 선양하는 지극한 뜻에서 어긋나는 일입니다. 신 등은 숨겨진 곧은 절의를 경모하고 아름다운 자취에 감격하여 천리 길을 달려와 전하께 호소하니 엎드려 원하건대 살펴주소서.

조려는 본래 함안인으로 대대로 관직을 이어오며 충효를 지켜온 가문에 태어난 선비입니다. 젊어서 고상한 아취를 간직하며 문장 또한 뛰어났습니다. 단종 원년 진사시에 합격을 하였으니 나이가 서른네 살 때입니다. 을해년 단종이 왕위를 물러나던 날 조려는 명륜당에 올라가 여러 학생들과 작별하고 고향으로 돌아왔습니다. 그로부터 문을 닫고 자취를 감춰 덕을 보듬은 채 일생을 마쳤으며, 일찍이 낙동강 가에서 낚시하면서 스스로 별호를 어계은자라고 하였습니다. 그 학문과 적을 숨기고 우뚝하게 서서 홀로 행한 높은 절의는 특히 먼 후세에까지 완악한 사람을 청렴하게 하고 게으른 사람을 흥기시켜 줄 것입니다. 대개 절행과 심사(心事)는 비명과 문집에 상세하게 실려 있고 또한 많습니다. 그때 우찬성 신 이미가 지은 묘갈문에 이르기를, 선생의 마음은 후세 사람들이 헤아릴 바 아니었다. 만약 백이와 숙제 두 사람으로 하여금 당시에 태어났더라면 반드시 흉금을 털어놓고 하늘을 우러러 길게 탄식하였을 것이다 라고 하였습니다. 또 노릉지 가운데 전(傳)을 지어 이르기를, '낙동강으로 돌아와 낚시로 일생을 마쳤으니 세상을 등지고 살면서도 후회하거나 슬퍼하지 아니한 뜻이 김시습과 동조하여 자기 스스로 깊이 숨겼기 때문에 그를 알고 칭송하는 사람들이 없습니다. 그 기록에 있는 구일등고시에 이르기를, 머리 돌려 바라보니 강산은 저무는데 넓은 땅 높은 하늘에 생각이 아득하다. 복희 훤원 멀어져 슬픔이 끝없으며 요순을 볼 수 없어 마음이 괴로워라.' 고한 구절에서 그가 간직한 뜻을 대략 나타냈으며, 이것은 지난날 단종을 복위시키던 날 전하께서 도리라고 명령하시어 친히 보셨습니다. 아 세조께서 왕위를 물려받던 초창기에는 성군(聖君)이 현신(賢臣)을 만나는 날로서 혁혁한 문벌 빛나는 귀족의 후예로 뛰어난 재능과 학덕을 간직한 선비가 세상에 나가 쓰여 진다면 세교를 크게 도왔을 것인데도 결연한 굳센 지조로 평생토록 은둔하며 후회하지 않은 것은 도의 믿음이 독실하고 의에 분명한 사람이 아니면 능히 그렇게 하였겠습니까. 하물며 조려는 성균관 학생으로 단종 초에 벼슬을 하지 않았으니 원호의 처지에 비하여는 매우 현격하게 달랐으며 몸으로 윤리를 부지하고 죽도록 굳센 절의를 지켰으니 수립한 풍교는 실로 김시습과 동일한 귀추였습니다. 돌아보건대 두 사람의 신하는

다 같이 포상 현양한 은전을 입었으나 유독 조려는 사후에 그 손자 순의 영달로 인하여 예에 따라 도승지의 직함을 받았을 뿐이고 그 정충양실에 있어서는 두 사람의 신하를 포상하던 날 함께 포상의 은전을 입지 못하였으니 이것은 초야에 많은 인사들이 깊게 개탄하는 것이며 또한 하늘의 큰 조화에 유감이 없을 수 없습니다. 아 어떠한 고통도 겁내지 아니하고 죽음을 예사롭게 여긴 사람은 육신이요. 평생토록 우뚝하게 서서 절의를 고치지 않았던 사람은 다만 원호 조려 김시습 몇사람 뿐입니다. 제사를 내리시고 정려와 제문을 더하는 것은 진실로 윤리를 부지하고 교화를 순화시키는데 그 목적이 있다면 한 충신의 넋으로 하여금 지하에서 영광을 입는 그 반열에 동참하지 못하고 외로움을 면하지 못하게 하여 되겠습니까. 신 등이 감히 엎드려 원하옵건대 전하께서 하루속히 해당 관서에 명하시어 아름다운 법도가 고루 내려져서 정려 포상 시호 사제의 은전이 원호 김시습과 더불어 시행되어 조려의 평생의 고절탁행이 먼 백세의 뒷날까지 인멸되지 않게 하여 주시고 밝고 어진 세상의 훌륭한 은전에 결점의 한을 끼치지 않도록 하여주십시오. 신 등은 하늘을 우러러 격절하고 방황하는 마음을 이길 수 없습니다.

伏以臣等 俱以嶺外韋布之流 生逢我東休明之世 仄聞聖上繼

述光廟德意 追復端宗位號 至以六臣陞躋配食之庭 是誠千古
帝王所未有之盛節 巍蕩之德 天地同大 舉國臣庶 孰不抃躍鼓
動 攢頌大聖人作爲 而俄又聞大臣陳白 元昊, 金時習二人 或
賜祭贈職 或旌閭貴恩 曠世寵章 朽骨亦感 實是百代靑史所罕
覿之盛典 第伏惟念景泰間進士趙旅之貞節卓行 有愈久不可泯
滅者 而獨漏於表揚贈酹之中 寔有歉於崇獎激礪之方 而亦非
所以發顯幽隱之至意也 臣等 景慕幽貞 激愴遺躅 裹足千里 抗
章九閽 伏願聖明之垂省焉 夫趙旅 本以咸安人 世襲簪纓 家傳
忠孝 少有高趣 文雅絕倫 奧在端宗元年癸酉 中進士 時年三十
四 逮乙亥禪代之日 趙旅遂登明倫堂 與諸生揖 辭而歸 杜門斂
跡 抱道終身 而嘗漁釣于洛東之水 自號以漁溪隱者 其鏟彩韜
光 特立獨行 足以廉頑立懦於千百世下 蓋其節行心事 昭載於
碑銘集錄之文者 亦多有之 其時右參贊臣李薇著其碣文曰 先
生之心 非後人所可涯涘 若使西山二子 生於當日 必與開心曲
仰天長吁 且魯陵志中 立傳而記之曰 返洛東 漁釣以終身 遯世
無悶之志 可與金時習同調 而深自韜晦 人無得以稱焉 至錄其
九日登高詩曰 回頭擧目江山暮 地闊天高思渺茫 羲軒遠矣悲
何極 華勳不見心自傷等句 略記其蘊抱之意 此則頃年議復魯
陵之日 聖明亦嘗命入而親覽矣 嗚呼 光廟受禪之初 卽大人利
見之日 以赫閥華冑 懷抱利器之士 出爲時用 可輔世敎 而截然
抗志 沒齒無悔者 非信道篤而見義明者 其能辦此乎 況旅以太
學諸生 初未嘗有一命於端廟之世 則與元昊所處之地 亦甚懸
殊 而身扶大倫 死守苦節 論其樹立 實與金時習同一趣也 顧彼

兩臣 悉蒙褒崇顯賜之恩 而獨旅身沒之後 都承旨之贈銜 不過
因其孫參判舜之貴 循例推恩之資而已 至於貞忠諒節 獨不見
稱於褒寵兩臣之日 此中外人士之所以慨惜缺歎 而亦不能無憾
於上天之洪造也 噫 赴湯鑊而視死若歸者 六臣也 亘歲寒而卓
立不變者 只昊旅時習若而人也 牷饎旌諡之加 寔爲永樹風聲
之地 則其可使一介忠魂 獨不免踽踽於泉路誇榮之列乎 臣等
竊不勝感發而於悒 敢以尺牘暴聞於凝旒之下 伏願殿下 亟命
該曹 均畀懿章 旌褒諡酹之典 與元昊金時習 一體施行 使旅之
平生節行 不泯於百世之下 而明時盛典 亦無貽欠缺之恨焉 臣
等無任瞻天望雲激切屛營之至

『漁溪先生集』, 권2, 「附錄」, 〈慶尙道幼學辛萬元等 請與元金兩
賢同施旌褒疏〉

여기서 신만원이 원호와 김시습을 언급한 것은 1699년
(숙종25) 판부사 최석정(崔錫鼎)이 원호와 김시습의 증직과
사제(賜祭)를 청하여 윤허를 받았기 때문에 어계도 이들
의 충절에 비견할만하니 같은 은전을 내려야 한다는 주
장을 하기 위해서였다.

신만원이 상소를 올린 2년 뒤인 1703년(숙종29) 10월
경상도 유생 곽억령 등이 상소하여 조려의 사적을 소개
하고, 이어 조려와 원호 김시습 남효온 이맹전 성담수 등
6인의 사적이 사육신과 다를 바 없다고 지적한 뒤, 박팽
년의 고향인 대구에 사당을 세우고 사육신을 함께 제사

하는 것처럼 이들에 대해서도 조려의 사당이 있는 함안에 함께 제향하게 할 것을 다시 청하였다.

경상도 유학 곽억령 등의 상소문은 아래와 같다.

곽억령 등 상소 첫부분

삼가 엎드려 생각하옵건대 세상을 바로 잡는 데에는 절의를 숭상하는 것보다 앞서는 것이 없고 절의를 숭상하는 것은 융숭한 보답이 가장 크다고 하겠습니다. 그런데 혹 절의에 제사를 지내면서 숭상하지 못하고 숭상하면서도 제사를 올리지 못하여 오랜 세월 동안 향사를 지내지 못하고 끝내 그 절의가 드러나지 못한다면 이것은 헛되게 절의를 숭상한다는 이름만 있을 뿐 숭상한 실적이 없으니 후세사람들이 어디에서 영향을 받을 것이며 어디에서 경건한 마음이 일어나겠습니까? 이것이 절의를 추모하고 사당에 향사하는 까닭이오며 진실로 국가의 아름다운 법도인 동시에 선비들의 성대한 행사가 되었습니다.

신 등이 엎드려 생각하옵건대 지난 날 단종 조의 진사 조려는 함안 땅에서 자취를 감추고 지조를 지키면서 일생을 마쳤으며, 또 그 고을에는 옛날 은나라에 대하여 충절을 지킨 백이의 이름과 같은 백이산이 있습니다.

아! 조려의 절의가 백이 못지않은 까닭에 이 산의 이름은 지역이 멀리 떨어져 있는데도 서로 같아 수 백세의 뒤까지도 산으로 인하여 그 사람을 생각하고 사람으로 인하여 그 산을 추앙하면서 감탄하고 경모하지 않을 수 없습니다. 온 세상 사람들이 경모하는데도 아직까지 제사를 올릴 곳이 없어 향사의 예절을 거행하지 못하오니 비단 한 지방의 결점 있는 일일 뿐만 아니라 실로 국가의 예법에 흠결입니다.

마침내 온 도내 선비들과 상의하여 그 혼령을 봉안하여 절의에 제사를 봉향하기로 생각했습니다. 또 상의하여 이르기를, "단종이 양위하던 날 죽음으로 충절을 다한 사람은 성삼문 박팽년 이개 하위지 류성원 유응부 같은 육신이 있었으며 살아서 절의를 지킨 사람은 원호 김시습 이맹전 성담수 남효온 조려의 여섯 사람이 있었습니다. 죽음으로 충절을 다한 사육신은 한곳에 장사하여 묘소가 이어져 있으며 한 사당에 봉안하여 향사를 함께 하였으니 살아서 절의를 지킨 여섯 사람도 마땅히 그 예에 따라 함께 향사하여야 되겠습니다. 하물며 같은 소리끼리 서로 감응하고, 같은 기운끼리 서로 구하였으니, 생각건대 여섯 사람의 곧은 혼과 의로운 넋이 어두운 저승에서도 반드시 손을 잡고 서로 떨어지지 아니할 것입니다 어찌 다만 그 사람이 살던 곳만을 생각하고 그 절의 같은 것을 버려두겠습니까?"라고 했다.

이에 서원의 규모를 약간 넓히고 아울러 제향의 절차도 새로 마련한 뒤에 봄부터 공사를 시작하여 짧은 기간에 완성시키고 초가을에 향사의 예절까지 빨리 거행하려고 예정하였습니다.

엎드려 듣건대, 조정에서 서원의 중복 건립을 막기 위하여 서원의 신설을 금지하고 반드시 그 취지를 먼저 조정에 알린 뒤에 시행하라는 명령이 내려졌다고 합니다. 그러나 지금 이 서원은 금지령이 내리기 전에 이미 세워졌으며 또 중첩으로 세우는 것과는 비교 할 수 없습니다. 더구나 그 정충고절(貞忠孤節)은 참으로 표창하고 높이는 것이 합당하오니 신 등은 전하의 어질고 밝으심으로 반드시 이에 감동하시어 많은 선비들의 소원을 저버리지 않으실 줄로 아오나 조정의 명령이 이미 내려진 뒤이라 감히 마음대로 시행할 수 없는 까닭에 천리 길을 올라와 구중궁궐에 간절히 아뢰옵니다. 엎드려 원하옵건대 채납하여 주소서.

또 엎드려 생각하옵건대 이 여섯 사람 사적의 전말은 옛날 장령 신 윤순거가 지은 노릉지에 상세하게 실려 있어 지난해 단종을 복위시키던 날 가져오라 명령하시어 보셨습니다. 혹 만기(萬機)를 살피시는 가운데 일일이 기억하시지 못하실까 염려되옵기에 臣 등이 다시 그 절의의 대략을 추려 숭장보사(崇獎報祀)함이 당연할듯 하여 밝히오니 바라옵건대 성상께서 살펴주소서.

신 등이 삼사 살펴 보건데 선정 신 이이가 지은 김시습 전에 이르기를 "단종이 양위할 때 김시습은 삼각산에서 글을 읽다가 양위의 소식을 들은 즉시 문을 닫고 대성통곡하면서 읽던

책을 모두 불태워 측간에 던지고 도피하였다"고 하였으며 또 이르기를 "절의를 표방하고 윤리를 부지하여 해와 달과 더불어 빛을 다툴 만 하였으니 그 유풍을 들으면 아무리 나약한 인간이라도 흥기될 것이니 비록 백세의 스승이라 하여도 될 것이라" 하였습니다.

신 등이 삼가 살펴보니 옛날 정승 신 신흠이 지은 잡서에 이르되 "남추강은 젊은 시절에 과거를 단념하고 김시습을 따라 노닐 새 어느 날 김시습이 추강에게 이르기를 나는 세종대왕의 두터운 은전을 입고 그 은전을 잊지 못하여 이렇게 고통을 당하는 것이 당연하나 공은 나와 다르니 어찌 세상에 나가 영화를 도모하지 않는가." 하니 추강이 이르기를 "소릉을 파 헤 친 일은 천지간에 다시 없는 큰 괴변이라 소릉을 회복시킨 뒤에 과거에 응하여도 늦지 않을 것이라"하였다고 하였습니다.

신 등이 삼가 살펴보오니 옛날 부제학 이준이 지은 일선지 발문에 이르기를 "경은 이이 선생은 단종 갑술 년간에 세상의 어지러움을 보고 초야에 자취를 감추어 봉사와 귀머거리로 칭탁하고 삼십년을 문 밖에 나오지 않았으니 그 곧고 굳센 절의는 다만 한 때의 잠시 동안에만 노력하였을 뿐 아니라 조짐을 사전에 알고 일찍이 세상을 등지고 일생을 마치려는 뜻이 있었으니 어찌 그 절의를 완전하게 지키도록 하여주어 한 세대의 방패가 되고 신하로서의 기강을 세우게 한 것이 아니겠는가." 하였습니다.

신 등이 삼가 살펴보니 선정 신 성혼이 지은 잡서에 이르되 "세조가 왕위를 물려받을 때 원호는 집현전 직제학으로서 벼슬을 버리고 고향에 돌아가 두문불출하면서 간혹 조정에서 벼슬하는 친지가 찾아와도 절대 만나주지 않았으며 세조가 호조참의를 제수하고 불렀으나 끝내 나아가지 아니하였다" 고 하였습니다.

또 이르되 "진사 성담수는 교리를 지낸 희의 아들이었으며 성희가 성삼문의 단종복위사건에 연좌되어 폐고 되었다. 그 아들 담수가 지극한 성품과 높은 식견을 가지고 파주의 아버지 묘소밑에 숨어살면서 서울에는 한번 도 가지 않았다. 그때 죄인의 자제들을 관례에 따라 참봉을 제수하고 그들의 거처를 살피니 거의가 머리를 숙이고 복종하였으나 성담수만은 받지 않았다"고 하였습니다.

신 등이 삼가 살펴보니 옛날 증 판서 성문준이 지은 조려 전에 이르기를 "단종이 선위한 뒤에 공은 과거를 단념하고 은둔으로 일생을 마쳤다"하였으며 또 이르기를 "절의를 지켜 멀리 떠나 세상을 등지고 살면서 비관하지 아니하고 늙어 죽을 때까지 후회하지 않았으니 호걸의 선비로 도의 믿음이 독실하고 의를 취하는 것이 길지 아니하면 어찌 능히 이외같이 하였겠는가. 공의 마음은 즉 백이숙제가 서산에서 고사리를 캐던 마음이었음을 알겠으며 동봉 김시습과는 세대를 같이한 정신적인 친교였다"고 하였다. 또 그때 좌찬성 신 이미가 지은 조려의 묘갈명에 이르되 "선생의 마음은 후세사람으로서 헤아릴 바가 아니다 만약 백이숙제가 같은 세대에 태어났더라면 반드시 서로 흉금을 터놓고 하늘을 우러러 길이 탄식하였을 것이다."라고 하였습니다.

또 살펴보니 노릉지 중 조려 전에 이르기를 "조려는 함안인으로 성균관에 뽑혀 들어갔다가 때마침 단종이 선위하는 날을 당하여 과거를 단념하고 낙동강 가에 숨어 살며 낚시로 일생을 마쳤으니 세상을 등지고 숨어살면서도 후회하지 아니한 고상한 뜻은 김열경과 더불어 함께 추앙할만 하다."고 하였습니다.

지금 선현들의 추장한 바와 선배들의 기록으로 보면 이 여섯 사람의 독립특행(獨立特行)한 지조와 고고탁절한 절의는 실로 성삼문, 박팽년과 같은 사육신과 더불어 서로 백중될 것이오니 사생으로서 보훈을 달리하여서는 안 될 것이옵니다.

그런즉 그 유풍이 미치는 곳이라면 비록 사람마다 사당을 세워 향사하고 집집마다 위패를 모시고 제사하여도 절의를 숭상하고 후생들을 고무 진흥시키는 방법에는 아무런 해가 되지 않을 것이 옵니다. 그런데도 지난날에 있어서는 묻혀 있어 여태껏 향사의 제전을 궐하였으며 이제 와서는 서원을 창건하여 이미 완성하였으나 또 다시 국가의 금지령에 의하여 철폐한다고 하면 다만 한 지방 선비들이 의리를 추모하는 마음을 펼 곳이 없어질 뿐만 아니라 밝은 세대 어진 교화로 절의를 선양하는 도리에 흠이 될까 두렵습니다.

하물며 단종대왕의 보위를 이미 회복시키고 성삼문 박팽년 등 여러 신하를 단종사당에 배향시켰으니 성상께서 선대를 빛내시는 효성과 유례없는 성대한 거조는 족히 신명을 감동케하고 절름발이도 고무시킬 것이옵니다. 그런데도 유독 그 당시 절의를 함께 지킨 사람들에게는 이미 완성된 사당마저도 향사를 받지 못하도록 한다면 절의를 보상하는 도리가 어찌 되겠습니까.

또한 성삼문 박팽년 등 여러 신하는 본시 같은 마을에서 태어난 사람들이 아니오며 그 중 박팽년은 대구사람이었습니다. 따라서 박팽년의 고장인 대구에 사당을 세우고 충절을 같이하였다는 한가지의 사유로 육신을 함께 봉안하여 액호까지 하사하시고 일체로 향사하였습니다.

이제 조려는 함안사람 입니다. 그 곳에 몇 간의 사당을 세우고 그 절의를 숭상할 때 육신을 함께 향사하는 것은 진실로 신설하려는 규모와는 다른 것이옵니다. 하물며 그 곳에는 이른바 백이산이라는 산이 있어 세대를 달리한 중국의 의사인 백이와 이름이 상부하여 천길 인양 높이섰으며 장차 육신의 절의와 더불어 함께 우뚝 솟아 영구하게 있을 것이오니 이 땅에 조려의 사당을 세우지 않을 수 없었으며 이 사당에 육신을 함께 향사하지 않을 수 없었다는 것이 진실로 분명한 사실이옵니다.

아! 근년에 원호를 정려하고 김시습에게 증직하여 유울(幽鬱)한 한을 모두 풀어주고 은혜가 사방으로 파급되었으나 유독 조려의 높은 절의와 곧은 지조는 표양 증직 사제하는 은전에서 누락되었습니다. 그래서 신 등이 일찍이 신사년 봄 죽음을 무릅쓰고 진언하여 한결같은 은전을 내려주실 것을 바랐습니다. 이때 성상께서 거절하지 않으시고 특별히 품계 처리하도록 하셨으나 해당 관원들이 지연시켜 이직까지 의결 품계하지 않고 있으니 신 등이 개탄을 금할 수 없습니다. 또 다시 영령을 봉안할 사당을 세워 육신을 함께 향사할 의논이 일어나 재력을 모으고 가난을 극복하여 사당이 완성되고 단청까지 마쳤으나 금사의 명령에 의하여 봉안 의식을 마치지 못하였으므로 신 등이 억울한 한탄을 이길 수 없으며 이어 슬퍼집니다.

엎드려 원하옵건대 전하께서 절의를 숭상하는 규모를 더욱 넓히시고 의리를 추모하는 정성을 굽어 살피어 금지하는 법령에 구애하지 마르시고 특별하신 윤허를 내려주소서. 이미 창건한 사당에 육신을 함께 향사토록 하여 밝은 세대 훌륭한 은전에 결함이 없어지고 열사들의 영령이 의지할 곳이 있도록 하여주시면 미풍량속을 심어주고 세상의 교화를 격려하는 도리에 크게 기여될 것이오니 그 어찌 아름다운 일이 아니오며 훌륭한 일이 아니겠습니까? 신 등이 하늘을 우러러 간절하게 기원합니다.


伏以礪世之道 莫先於尙節義 尙節義 莫大於隆報祀 其或節而
不尙 尙而不祀 使不得壽其享於來今曁厥終而罔顯 則徒存崇
獎之名 未有崇獎之實 後焉者其將影響於何地 而起敬於何所

乎 此所以醻其節而祭於祠者 允爲國家之令典 而士林之盛事
也 臣等 竊伏惟念 奧在景泰間 進士臣趙旅 遯迹於咸安地 守
志以沒而其鄉又有所謂伯夷山者 噫 趙旅之節 旣無讓於孤竹
玆山之名 隔宇宙而相符 至今數百載之後 因山而想其人 因人
而仰其山 莫不齎咨景歎 曠世興感 而尙無報祀之地 未擧芬苾
之儀 非特一方之欠事 而實是國家之闕典也 遂相與謀於一道
之章甫 思所以妥其靈醻其節 而旣又相議曰 在端廟遜位之日
其死而全節者 有若成三問 朴彭年 李塏 河緯地 柳成源 俞應
孚六臣也 其生而守義者 有若元昊 金時習 李孟專 成聃壽 南
孝溫曁趙旅六人也 彼成 朴等六臣 葬焉而連其塋 享焉而同其
廟 則此六人 亦當視其例而並祀之 況同聲相應 同氣相求 則想
惟六人之貞魂義魄 必將連蜷於溟漠之中 而不相離矣 何獨慕
其人之所居 而遺其節之所同者哉 於是稍廣其創建之制 並擬
其腏享之典 自春經始 不日乃成 將以秋初 亟行縟禮矣 仄伏聞
朝家新有建祠之禁 必使上聞取旨 然後乃行 今此院祠 已成於
下令之前 又非疊設之比 而其淸風亐節 實合於表獎而崇報之
則臣等固知聖明必將興感於斯 不違多士之情願 而朝令旣下之
後 亦不敢徑情而擅行 故玆敢裹足千里 申懇九重 伏願聖上開
納焉 臣等仍竊伏念 此六人之事蹟顚末 詳載於故掌令臣尹舜
擧所撰魯陵志中 頃年莊陵復位之日 聖明亦嘗命入而賜覽矣
或慮萬機繁委之中 未能一一追記 故臣等復撮其節義之大略
以明其崇報之當然者 惟聖明垂察焉 臣等謹按 先正臣李珥撰
金時習傳 有曰 魯山禪位 時習方讀書於三角 卽閉戶大哭 盡焚

其書 陷于溷廁而逃之 又曰 標節義 扶倫紀 可與日月爭光 聞

其風 懦夫亦立 則雖謂之百世之師 近矣 臣等謹按 故相臣申欽

雜著 有曰 秋江早歲棄科業 從說卿遊 一日 說卿謂秋江曰 我

則受英廟厚知 爲此辛苦生活 宜矣 公則異於我 何不爲世道計

也耶 秋江曰 昭陵一事 天地大變 復昭陵之後 赴擧不晚也 秋

江卽南孝溫之號也 說卿卽金時習之字也 臣等謹按 故副提學

臣李埈一善志跋 有曰 耕隱李先生 當景泰甲戌年間 見時事艱

虞 晦迹丘園 託以昏瞶 足不出戶外者三十年 其貞亮堅苦之節

不但勉強於一時之暫而已也 事幾未然 燭之之早 離世絶俗 有

終焉之志 豈非天之畀以完節 爲一世之防 立人臣之紀也 耕隱

卽李孟專之號也 臣等謹按 先正臣成渾雜著 有曰 光廟受禪 元

昊以集賢殿直提學 棄官還鄕 杜門謝事 不出戶庭 親知之仕於

朝者 絶不引接 光廟時 拜戶曹參議徵之 終不就 又有曰 進士

成聃壽 校理熺之子也 熺坐成三問廢錮 聃壽有至性高識 屛居

坡州父墓下 未嘗一至京師 其時罪人子弟 例除參奉 以觀去就

無不俛首服役 而聃壽竟不拜 臣等謹按 故贈判書臣成文濬撰

趙旅傳 有曰 魯山內禪 公不復應擧 因隱不仕 終于家 又曰 抗

節長逝 遯世毋悶 老死而不悔 非夫豪傑之士信道篤而取義深

者 能若是哉 則知公之心 卽夷叔西山採薇之心 而東峯金說卿

可謂一代神交 又按 其時右參贊臣李薇題其墓曰 先生之心 非

後人所可涯涘 若使西山二子 生於當日 必相與開心曲 仰天長

吁 又按 魯陵志中趙旅傳曰 趙旅 咸安人 選入國子 適丁禪代

之日 不復試 返洛東 漁釣以終身 遯世无悶之志 可與金說卿同

調 今以先賢之所獎詡 前輩之所記錄者觀之 此六人特立獨行
之操 孤高卓絶之節 固可與成朴諸臣相伯仲 而不可以生死殊
其報也 然則其遺風所曁 末照所燭 雖使人人廟以享之 家家尸
以祝之 實不害於崇獎節義 聳動來後之方 而前而湮滅不稱 尙
闕俎豆之享 後而創建旣訖 復因禁令而撤 則不但一方多士無
所伸其慕義之心 抑恐昭代聖化亦有歉於表節之方也 伏況端宗
大王 旣已追復寶位 成朴諸臣 復坒配食之庭 我聖上光先之孝
盛大之擧 足以感通神明 鼓舞趷躠 而獨使當時同節之人 不得
受享於已成之廟 則其於報施之道 何如也 且成朴諸臣 本非同
鄕同里之人 而其中朴彭年 乃大丘人也 爲之建祠於其地 而推
其一節之所同 並安六臣之位 賜之恩額 一體同祀 今趙旅 咸安
人也 卽其地而建數間之廟 尙其節而並六人之享者 固非新創
之規 而況其所謂伯夷山者 名符異代 壁立千仞 將與六人之節
並峙而長存 則此地之不可不建趙旅之祠 此祠之不可不並六臣
之享者 固已審矣 噫 頃年 旌元昊之閭 贈時習之爵也 幽鬱畢
伸 恩波遍及 而趙旅之苦節貞操 獨漏於表揚贈爵之中 故臣等
曾於辛巳春 冒死進言 冀蒙一施之典矣 聖聰不拒 特許稟處 而
有司遷延 尙稽議啓 臣等已不勝其慨悗 而復營妥靈之所 方倡
合醵之議 拮据財力 艱難經紀 堂壿旣治 塗塈纔畢 而旋因禁
祠之令 未卒揭虔之儀 臣等又不勝其抑菀缺歎 而繼之以於悒
也 伏願殿下 益恢崇節之規 俯諒慕義之誠 毋拘條令 特賜俞音
因其已創之廟屋 並享同節之諸人 使明時盛典無所欠缺 而烈
士英靈有所憑依 則其於扶樹風聲 激礪世教之道 大有助矣 豈

不美哉 豈不盛哉 臣等無任瞻天望雲激切祈懇之至

『어계집』권2 「부록」 〈慶尙道儒生郭億齡等 請建六臣書院疏〉

이 글은 먼저 어계의 은거지인 함안에 백이산이 있다는 것을 거론하면서, 절개가 백이와 숙제에 뒤지지 않아 도내의 선비들이 절의를 추모하고 있다는 점을 밝혔다.

또 이 글에서 "단종께서 손위하던 날 죽음으로 절개를 온전히 한 이로는 성삼문 박팽년 이개 하위지 유성원 유응부 등 육신이 있고 살아 있으면서 의리를 지킨 이로는 원호 김시습 이맹전 성담수 남효온 및 조려 등 여섯 명이 있는데 성삼문 박팽년 등 육신은 무덤을 한 곳에 만들고 당도 한 곳에 만들어 제향하고 있으니 이 여섯 명도 또한 마땅히 그들의 예에 따라서 모두 제사하도록 해야만 하였습니다."라고 하여 '살아 있으면서 의리를 지킨' 원호 김시습 이맹전 성담수 남효온 및 조려 여섯 명을 (사)육신과 견주어 생육신이란 말이 생기게 된 단초를 제공했다. 이 상소로 말미암아 1703년 11월 16일에 어계를 포증(褒贈)하고, 마을에 정문(旌門)을 세웠다.

이에 관한 기사가 『조선왕조실록』 숙종 29년 11월 16일 (정사)조에 실려 있다.

함안의 고 진사 조려를 포증(褒贈)하고, 그 마을에 정문(旌門)을 세웠다. 조려는 단종조 사람으로 선대(禪代)하던 날 본군(本郡)의 명륜당(明倫堂)에 올라 여러 유생들과 읍

사(撕辭)하고 돌아가서는 종신토록 스스로 폐인 노릇을 하였다. 자신의 감회(感懷)를 붙인 시(詩) 한수가 세상에 전해지는데 이르기를, '눈을 들어 돌아보니 강산은 저물고, 땅 넓고 하늘 높은데 생각만 아득하네. 희헌(羲軒) 이 멀어졌으니 어찌 슬픔 끝 있으며, 화훈(華勳)을 못 보니 마음만 애닯도다.'하였다. 영남의 유생들이 상소하여 추포(追褒)하여 줄 것을 청하니, 김시습(金時習)과 똑같이 시행하도록 명하였다.(褒贈咸安故進士趙旅 旌其閭 旅 端宗朝人 禪代之日 登本郡明倫堂 與諸生 揖辭而歸 終身自廢 有寓懷一詩 行于世日 "回頭擧目江山暮 地闊天高思渺茫 羲軒遠矣悲何極 華勳不見心自傷"嶺南儒上疏 請追褒 命與金時習 一體施行)

곧 1699년 원호와 김시습에 이어 1703년에는 조려에 대한 표창이 이루어졌다는 것을 알 수 있다.

1736년(영조12)에는 영월의 선비 박현제(朴賢齊) 등이 김시습·남효온 등 8인을 모신 창절사에 편액을 내려주기를 청하였다. 영월의 선비 박현제 등이 상소하기를, "고(故) 처사 김시습은 미친 체하면서 중이 되어 떠돌아다니며 돌아오지 않았고, 처사 남효온(南孝溫)은 상서(上書)하여 소릉(昭陵)을 복위하도록 청하였으나 회보를 하지 아니하자 죽을 때까지 과거에 나아가지 않아서 뒤에 연산군이 부관 참시(剖棺斬屍)하였고, 직제학 원호는 문을 닫고 방문객을 사절하고, 앉을 때는 반드시 노릉(魯陵)을 향하였으며 교리 권절(權節)은 미친 체하고 벼슬하지 않다가 죽었고 처사 조려는 일찍이 성균관에 유학하다가 여러 유생들에게 읍(揖)을 하고 돌아와 종신토록 나오지 않았으며, 정언 이맹전은 두 눈이 사물을 보지 못한다고 핑계대고 30년간 문 밖을 나오지 않은 채 죽었고, 처사 정보(鄭保)는 육신이 죽은 것을 듣고 눈물을 흘렸다가 권신들의 모함으로 거의 주륙(誅戮)당하게 되었는데 세조가 그가 정몽주의 손자임을 듣고 특별히 사형을 감하도록 하였으며, 처사 성담수는 관직에 제수하여도 배사(拜謝)하지 않고 낚시질하며 은둔하였는데 뒤에 선왕께서 이 팔현(八賢)의 절개를 추가(追嘉)하여 혹은 관직을 추증하기도 하고 혹은 시호를 내리기도 하여 정려하고 현포(顯褒)하는 도리가 실로 육신과 간격이 없었으나 유독 침원(寢園) 곁에서 제사를 지낼 수 있는 은전은 얻지 못하였기 때문에 신들이 이미 두어 칸의 집을 지어 8인의 신위를 차례로 모셨습니다. 바라건대, 두 자(字)의 은액을 내려주소서."하니, 임금이 하순(下詢)하여 처리하겠다고 답하였다. 창절사는 1788년 서원으로 승격되었다.

1781년(정조5)에는 영의정 서명선(徐命善)이 이맹전의 증직과 시호를 청해 이듬해인 1782년(정조6) 이맹전에게 정간(靖簡)이란 시호를 내렸다. 이해 김시습 원호 남효온 성담수에게 이조 판서를 특별히 추증하였다. 1784년(정조8)에 성담수 김시습 남효온 원호에게 시호를 내렸다. 이조 판서에 추증된 성담수에게는 정숙(靖肅)을, 이조 판

서에 추증된 김시습에게는 청간(淸簡)을, 이조 판서에 추
증된 남효온에게는 문정(文貞)이란 시호를 내렸다.

# 9

# 드디어 서산서원이 창건되다.

1691년(숙종17) 12월 사육신을 정식으로 복관(復官)하고 민절사(愍節祠)를 시작으로 숭모처(崇慕處)가 건립되자, 어계의 고향인 함안을 중심으로 어계의 충절에 대한 숭모의 필요성이 제기되고 드디어 1701년(숙종27) 정월에 어계에 대한 포장 요청이 조정에 올라갔다.

이 해 정월 영남 유생 신만원 등이 상소하여 조려의 행적을 소개하고 원호 김시습과 같은 표양(表揚)의 은전(恩典)을 행할 것을 청하였다. 2년 후인 1703년(숙종29) 경상도 유생 곽억령 등이 생육신인 이맹전 조려 원호 김시습 남효온 성담수 등의 병향(并享)이 사육신의 예에 따라 이루어지는 것이 마땅하다는 것을 상소하였다.

곽억령 등의 상소를 살펴본 예조에서는 이듬해인 1704년에 "경상도 유생 곽억령 등의 상소문을 보니 조려의 우뚝한 행적은 지금까지 사람들의 이목에 밝게 비치고 있으며 이제 이 상소문 가운데 기록된 것을 보니 역시 그 인품을 상상할 만 하옵니다. 원호 김시습 이맹전 성담수 남효온 등 여러 사람은 조려와 더불어 살아서는 뜻이 같았으며 사후에는 방명을 함께 전하였으니 한 사당에 같이 향사하는 것이 예의에 마땅하다 하겠습니다. 한 지방의 많은 선비들이 이미 합의하여 일을 시작하였으니 그들의 소청에 따라 특별한 윤허를 내리시는 것이 충성을 포상하고 절의를 숭상하는 법통에 합당할 듯하옵니다.(觀此慶尙道 幼學郭億齡等 上疏云云 趙旅之特立獨行 至今赫赫 照人耳目 今以儒疏中 所採錄者見之 亦可以想其爲人 元昊 金時習 李孟專 成聃壽 南孝溫諸人 與趙旅 生而同志 死而同傳則 一體祠享於禮固宜 一方多士 旣已合謀 始役則因其疏請 特爲許施似合於 褒忠尙節之典 祠宇事體 至爲重大 臣曹 有不敢擅便 上裁何如 啓依回啓施行(禮曹回啓 甲申 判書 閔鎭厚)"라는 의견을 숙종에게 올렸다.

예조의 의견을 본 숙종은 제문을 지어 내려 보냈다. 지제교 이언경(李彦經)이 지은 사제문을 예조 좌랑 도영하(都永夏)에게 가지고 가서 치제(致祭)하게 했다.

사제문은 아래와 같다.

국왕은 신하 예조 좌랑 도영하를 시켜 증 이조 참판 겸 동지의금부사 오위 도총부 부총관 조려의 영령에 제사하노라.

지조를 지키고 착한 길로 인도함은 신하의 절의라 장려하는 바이며 충절을 정표하고 의리를 숭상함은 나라의 법도이니 게양(揭揚)함이 마땅하다. 저 멀리 낙동을 바라보니 어진군자 숨어살던 곳이라네. 그 평생을 말하건데 둔서(遯筮:숨어살아야 된다는 점괘)를 만났도다. 구슬같은 맑은 자질 어린 시절 뛰어나서 효와 의를 실행하고 여력으로 문예를 익혀 성균관에 노닐면서 학문을 연마하여 명성이 높이 나서 구중궁궐 통했건만 때마침 단종대왕 양위하고 이 나라의 큰 운명이 하늘의 시킴이라. 여러 학생들과 이별하고 호연하게 멀리 떠나 고향으로 돌아간 곳 낙동강의 물가 일세 윤리강상 부지코자 함이었고 어진세상 떠난 것이 아니었다. 낚시로 소일하여 자취를 감추었고 도를 즐기면서 세상을 잊었으니 검게 물들여도 검어지지 않았으며 청렴하면서도 남을 해롭게 하지 않았도다.

희헌(伏羲와 軒轅)세대 멀었다는 시의 뜻에 밝혔으며 높이 솟은 백이산의 지명 또한 일치했네. 천명에 맡기어서 스스로 자기의 재능과 학덕을 숨기니 한 가닥 새로 세운 왕국기반 경중이 여기에 매여 있네 유풍이 늠렬하여 남쪽 땅에 진동했네. 과인이 왕위이어 궐한 예절 처음 닦아 단종대왕 복위시켜 육신으로 배향한 뒤 김원(김시습과 원호)을 표창하고 차례로 포상할새, 높은 절의 생각하니 일체시행 마땅했다. 유생들의 소장 따라 예에 의한 은전으로 이조 참판 증직하고 제물을 드리었다.

오랜 세대 내려오며 시행 못한 감회 깊어 높은 절의 높은 보답 빠뜨리지 않았도다. 시운은 어쩌다가 기다림이 있었으나 천도만은 그 어찌 오래토록 막혔는가. 어진 풍교 영원토록 이 땅에 수립하여 세상으로 하여금 힘쓰도록 하였도다. 방불한 영령이여 강림하여 흠향(歆饗)하길.

國王 遣臣 禮曹佐郞 都永夏 諭祭于 贈吏曹參判 兼 同知義禁府事 五衛都摠府副摠管 趙旅之靈 守志善道 臣節攸勵 旌忠尙義 邦典宜揭 瞻彼洛東 逸民所懇 亦言平生 盖遇遞篛 珪璋淑質 早歲超詣 躬行孝義 餘事文藝 高遊上庠 將徹皐唳 屬時內禪 景運天啓 一揖諸生 浩然長逝 乃返衡宇 于水之滋 欲扶倫常 非違聖際 漁釣混迹 樂道忘世 涅之何緇 廉而不劌 世遠羲軒 詩意可哲 峰秀伯夷 地號亦契 任其天放 沒齒自廢 一絲漢鼎 輕重是繫 遺風凜烈 振動南裔 逮子嗣服 肇修曠禮 端廟旣復 六臣乃媲 表章金元 亦其次第 緬懷高標 宜若一體 肆因儒章 亟推恩例 爰贈亞卿 式奠牲醴 曠世之感 崇報靡替 時或有待 道豈長閉 風聲永樹 俾世砥礪 靈其顧享 彷佛來屆

숙종의 사제문과 아울러 병조좌랑 곽수귀(郭壽龜)는 서산서원에 육선생을 봉안한 고유문을 지었다. 남효온의

문집인 『추강집』 「부록」에 예포(禮圃) 곽수귀가 지은 서산
서원 봉안문이 실려 있다.

| | |
|---|---|
| 경은 이 선생은 | 耕隱李先生 |
| 좋은 시대에 처했으나 | 身際昌辰 |
| 위태로운 시운을 만났네 | 運値艱危 |
| 물러나 전야에 은둔하여 | 退伏田野 |
| 오히려 남이 알까 두려워했네 | 猶恐人知 |
| 병을 핑계로 일생을 마쳤으니 | 托疾終老 |
| 기미에 밝은 분이라 일컫겠네 | 稱著炳幾 |
| | |
| 어계 조 선생은 | 漁溪趙先生 |
| 일찍이 성균관에 뽑혔으나 | 早選國子 |
| 마침 세상의 변고를 만났네 | 適値世變 |
| 출처를 알맞게 헤아려서 | 分劑出處 |
| 선견지명이 탁월하였네 | 卓爾先見 |
| 회포를 시율에다 부칠 뿐 | 寄懷詩律 |
| 자취를 숨겨 근심이 없었네 | 晦迹無悶 |
| | |
| 관란 원 선생은 | 觀瀾元先生 |
| 시사를 점검하여 | 點檢時事 |
| 진퇴를 결정했네 | 夬決進退 |
| 벼슬을 원수처럼 피하여 | 避官如讎 |

| | |
|---|---|
| 문밖으로 자취를 끊었네 | 跡斷門外 |
| 임금을 위해 상복을 입어 | 爲君制服 |
| 시종 부끄러움이 없었네 | 終始無愧 |
| | |
| 매월당 김 선생은 | 梅月金先生 |
| 본시 선풍도골(仙風道骨)이라서 | 自是道骨 |
| 천품이 속되지 않았네 | 天分不俗 |
| 빛을 감추고 그림자를 숨겼으니 | 藏光匿影 |
| 마음은 유자이고 행적은 불자라 | 心儒迹佛 |
| 세상을 피한 높은 풍모에 | 避世高風 |
| 나약한 사람 뜻을 세우네 | 懦夫則立 |
| | |
| 문두 성 선생은 | 文斗成先生 |
| 부친이 재앙을 만났을 때에 | 遘先罹禍 |
| 이미 탁월한 식견이 있었네 | 已有超識 |
| 몸은 농부와 같았고 | 身如田夫 |
| 거처는 흙집이었으나 | 居則土屋 |
| 유유자적 지냈으니 | 悠然自適 |
| 창랑의 한 굽이라네 | 滄浪一曲 |
| | |
| 추강 남 선생은 | 秋江南先生 |
| 일생의 높은 풍모 | 一生高標 |
| 천 길로 높아 세속을 벗어났네 | 千丈拔俗 |

9. 드디어 서산서원이 창건되다.

| 소릉의 복위를 청하니 | 請復昭陵 |
| --- | --- |
| 올바른 말이 늠름했네 | 危言懍懍 |
| 만난 시대가 불행했으나 | 遭遇不幸 |
| 끝내 굳은 절개를 지켰네 | 終守苦節 |

| 덕은 이웃이 외롭지 않아 | 德不孤隣 |
| --- | --- |
| 동지 여섯 분이 있으니 | 同志有六 |
| 옛 임금께 마음을 다하여 | 專心舊君 |
| 홀로 행하고 우뚝이 섰네 | 獨行特立 |
| 만고의 강상을 부지하고 | 扶萬古綱 |
| 백세의 풍성을 수립하니 | 樹百世風 |
| 어찌 옥루에도 부끄러울까 | 焉愧屋漏 |
| 푸른 하늘에 물어볼 만하네 | 可質蒼穹 |
| 지난 옛일을 생각건대 | 顧念往古 |
| 그 누구와 반열이 같을까 | 誰與等列 |
| 오직 은나라의 고죽과 | 惟殷孤竹 |
| 진나라의 정절이라네 | 在晉靖節 |
| 지금 우리 여러 현인들 | 今我諸賢 |
| 앞뒤가 하나의 법도이니 | 前後一轍 |
| 곧은 마음 아름다운 절개 | 貞心姱節 |
| 가을 서리 열렬한 해라네 | 秋霜烈日 |
| 그 일이 있었던 당시에 | 粤在當年 |
| 순절한 분이 또한 여섯이니 | 死義亦六 |

| | |
|---|---|
| 살고 죽음은 비록 다르지만 | 生死雖異 |
| 그 절조는 모두 마찬가지라 | 節操同致 |
| 사모의 정을 붙인 후인이야 | 寓慕後人 |
| 어찌 피차의 구분이 있을까 | 寧有彼此 |
| 유독 제향을 올리지 못하여 | 獨欠俎豆 |
| 얼마나 탄식을 자아냈던가 | 幾興嗟惜 |
| 비로소 사당을 건립하니 | 始焉立祠 |
| 서산의 기슭이네 | 西山之麓 |
| 하늘이 감추었다 지금에 이르니 | 天慳至今 |
| 땅 이름이 그 옛날 그대로이네 | 地名依昔 |
| 제상을 잇닿아 함께 제향하니 | 聯床合腏 |
| 그 빛과 공렬이 가지런하도다 | 齊光竝烈 |
| 남긴 풍모와 남기신 빛이 | 餘風末照 |
| 영세토록 법칙이 되리라 | 永世柯則 |
| 삼가 제물을 올리오니 | 謹薦粢盛 |
| 정령께서는 강림하소서 | 精靈降格 |

이 봉안문에서는 먼저 생육신의 절의를 칭송하고, 이어 "덕은 이웃이 외롭지 않아 동지 여섯 분이 있으니 옛 임금께 마음을 다하여 홀로 행하고 우뚝이 섰네. 만고의 강상을 부지하고 백세의 풍성을 수립하니 어찌 옥루에도 부끄러울까."라고 하면서 만세의 진정한 군자 모습이라고 강조하고 있다. 백이숙제와 도연명의 정절과 비유하

면서 순절한 사육신과 살고 죽는 것은 비록 다르지만 그
절조는 모두 마찬가지라고 했다.

# 10

# 서산서원 배향인물

서산서원에는 1703년 창건 후 지금까지 300여 년 동안 생육신의 위패를 봉안하고 향례를 봉행하며 그들의 충절을 기리고 있다. 서산서원 사당인 충의사에는 경은 이선생(耕隱李先生) 어계 조선생(漁溪趙先生) 관란 원선생(觀瀾元先生) 매월당 김선생(梅月金先生) 문두성선생(文斗成先生) 추강남선생(秋江南先生)의 순서로 위패가 모셔져 있다.

위패의 순서는 서산서원 봉안문에 근거한 것이다.

정간공(靖簡公) 경은(耕隱) 이맹전(李孟專, 1392~1480)

본관은 벽진(碧珍) 자는 백순(伯純) 호는 경은(耕隱)이다. 지밀직사 이견간(李堅幹)의 후손이며 이군상(李君常)의 증손으로 할아버지는 이희경(李希慶) 아버지는 이심지(李審之) 어머니는 공부전서 여극회(呂克誨)의 따님이다. 선대가 경상북도 성주군 초전면 호장곡(好章谷) 일대에 세거

하였다.

1427년(세종9) 문과에 급제하여 한림이 되었다가 사간
원 좌정언 지제교 소격서 령을 거쳐 거창 현감으로 나가
선정을 베풀었다. 그러나 당시 상황을 살펴보고 장차 단
종에게 화가 미칠 것을 예견하고 벼슬을 버리고 장인인
직제학 김성미(金成美)가 사는 선산 망장촌(網障村, 지금의
경상북도 구미시 고아읍 오로리)로 내려가 은거하였다.

은거 중 청맹과니에다 귀까지 멀어 보지도 듣지도 못
한다 하여 문을 닫고 30년을 하루같이 폐인으로 자처하
며 손님도 사절하면서도, 의관을 정제하고 단종의 유배
지인 영월 쪽으로 배좌(拜坐)하였고 북쪽인 한양 쪽으로
는 향하지도 앉지도 않았다. 또 매월 삭망(朔望)에는 영월
을 바라보며 향배(向拜)하였으니 집안사람들이 물으면 신
병을 위해 기도한다고 하였다.

강호(江湖) 김숙자(金叔滋)의 아들 점필재 김종직이 가끔
찾아 배알하면 문을 닫고 마음 속 깊은 이야기를 하였다.
훗날 점필재가 「이준록(彝尊錄)」에 참뜻을 기록하여 세상에
서 알게 되었다. 부인 김씨(金氏)와 90세까지 해로하였는
데 집안에는 한 끼의 양식도 비축된 것이 없었다고 한다.

시호는 정간(靖簡)이다. 대산(大山) 이상정(李象靖)이 묘
갈(墓碣)을 지었으며, 퇴계(退溪) 이황(李滉) 서애(西厓) 유
성룡(柳成龍)을 비롯한 많은 이들이 그의 사적을 전했다.
1781년(정조5) 이조판서와 양관 대제학에 추증되었다. 선

용계서원

산 월암서원(月巖書院) 함안 서산서원(西山書院) 영천 용계
서원(龍溪書院)에 배향되었다.

현재 경북 영천 용계서원(龍溪書院)에 1786년(정조10) 왕
명으로 건립된 부조묘 사당이 있다. 용계서원은 이맹전
의 학덕과 충의를 추모하기 위하여 1684년(숙종10)에 용
계사(龍溪祠)로 창건하였다. 1759년(영조35)에 생육신을
추가 배향하였으며, 1786년(정조10)에 '용계(龍溪)'라고 사
액되었다. 서원철폐령으로 1871년(고종8)에 훼철되었으
나, 노항동(魯巷洞)으로 옮겨 서당으로 사용되었다. 1945
년 유림에 의해 복원되면서 이맹전을 독향으로 봉안하였
으며, 1976년 7월 영천댐 건설공사로 인하여 영천시 자
양면 용산리로 이건 되었으며 생육신을 봉안하고 있다.

퇴계의 학맥을 이은 대산(大山) 이상정(李象靖, 1710~1781)
이 묘갈명을 지었는데, 내용은 아래와 같다.

공자가 은(殷)나라에 인자(仁者) 세 사람이 있다고 칭하
셨는데 그중에 죽은 자도 있고 죽지 않은 자도 있었지만
또한 각각 자신의 지조를 지켰다. 그러나 기자(箕子)는 안
에서 그 난리를 만나 자신의 명철함을 감추면서 올바른
도리를 잃지 않았으니 처신이 가장 어려웠다. 그러므로
『주역』에서 특별히 기자의 명이(明夷)를 말하였는데 우리
나라의 경은 이 선생이 아마도 그 경우에 가까울 것이다.
　선생은 휘가 맹전이고 자는 백순이다. 일찍 과거에 급
제하여 예원(藝苑)에 들어가 세종조에 사간원 정언 지제
교를 역임하였다. 중년에 시사(時事)가 위태로워지는 것
을 보고는 외직에 보임되기를 청하여 거창 현감이 되었
는데 청렴결백하다고 소문났다.
　경태(景泰) 갑술년(1454, 단종2)에 선생은 63세로 벼슬을
그만두고 선산(善山)의 망장촌(網障村)에 물러나 있으면서
스스로 눈멀고 귀먹었다는 핑계로 손님과 벗을 사절하고
는 말하기를, "수양에 방해가 된다." 하였다. 또 매달 초
하루 아침마다 해를 향해 절하면서, "내 병이 낫기를 기
도하는 것이다."라고 하니 집안사람이나 자제들도 그 속
뜻을 아는 이가 없었다. 점필재 김공이 옛 동료의 자제
로서 찾아뵙자 선생이 심사를 피력하며 말하기를, "오두

막에서 위태로이 죽음을 기다리다 이제 군자를 보니 나
도 모르게 가슴이 툭 트이네."라고 하니 이에 점필재가
선생의 은미한 뜻을 알아차렸다. 임종에 이르러서야 자
제들도 비로소 그 뜻을 알게 되었다. 선생이 말 없는 가
운데 고심(苦心)을 품고서 뚜렷한 자취 없는 중에 정절을
지키어 당신 한 몸으로 강상(綱常)의 책임을 떠맡았으니
명이의 도에 마땅하지 않겠는가. 또한 인이라 말할 수 있
을 것이다.

선생은 효성을 타고나서 살아 계실 때 부모 섬기는 일
과 장사 제례에 모두 예제(禮制)를 준행하였다. 남을 대함
에 공손하여 다른 사람과 다투지 않았으며 집안의 규범을
매우 엄히 하여 자제들이 말을 타거나 시종을 데리고 다
니는 것을 금하였다. 선생더러 빈한하여 자손들에게 물려
줄 것이 없지 않겠느냐고 말하는 자가 있으면 선생은, "청
빈(淸貧)을 자손에게 물려주는데 무슨 거리낄 것이 있겠는
가."라고 말하였다.

선생은 태조 1년(1392)에 태어나 성종 11년(1480)에 졸
하여서 89세의 수를 누렸으며, 선산(善山) 동쪽 연향(延香)
의 미석산(彌石山) 서향 언덕에 장사 지냈다.

선생은 벽진 이씨(碧珍李氏)의 후세로 장군 이총언(李悤
言)의 후손이다. 진현관 대제학(進賢館大提學) 이견간(李堅
幹)이 선생의 5대조이고 고조 이대(李玳)는 수문전 대제학
(修文殿大提學)이며 증조 이군상(李君常)은 사재감 부정이고

조부 이희경(李希慶)은 병마도원수이다. 선고 이심지(李審之)는 병조 판서에 증직되었다. 선비 여산 송씨(礪山宋氏)는 현령 송인손(宋仁孫)의 따님이고 계비인 성주 여씨(星州呂氏)는 판서 여극회(呂克誨)의 따님이다. 선생의 부인 선산 김씨(善山金氏)는 직제학 김성미(金成美)의 따님으로, 선생의 묘 앞쪽에 장사 지냈다.

아들 순(恂)은 교수이고 천(惝)은 통찬(通贊)이고 이(怡)가 있고, 돈(惇)은 주부이다. 손자 보원(堢源)은 현감이고 비원(坤源)은 직장이며 증원(增源)이 있고 배원(培源)은 장사랑(將仕郎)이다. 증손과 현손 이하는 많아서 다 기재하지 못한다.

선생의 동생 공희공(恭僖公) 이계전(李季專)이 선생의 언행을 기록한 글이 있었는데, 유집(遺集) 2권과 아울러 병란에 유실되었으니 애석할 뿐이다. 그러나 점필재의 「이준록(彝尊錄)」이 있고 최인재(崔訒齋)와 이창석(李蒼石) 등 여러 공이 선생을 위하여 찬양하고 서술하였으며 선산의 삼인사(三仁祠)와 함안(咸安)의 육신묘(六臣廟)에 모두 백세토록 제향하고 있으니 의리가 인심에 살아 있는 것이 무궁하기 때문이리라.

선생의 후손은 몇 대 만에 선산의 종가가 거의 끊어졌으나 영천(永川)으로 옮겨 간 이들이 조금 번성하였다. 먼 후손인 이석화(李錫華) 등이 용계(龍溪)에 별사(別祠)를 건립하였는데, 그 아들 이유룡(李猶龍)이 나를 찾아와 말하

기를, "선조의 묘에 묘석은 있으나 글이 없습니다. 인재
공(訒齋公)이 빗돌 하나를 다듬어 묘 아래 묻어 놓았으니
이는 진실로 후인을 기다린 것입니다. 어찌 한마디 써 주
시지 않겠습니까."하니 내가 감히 사양하지 못하였다.


명은 다음과 같다.


| | |
|---|---|
| 계유, 병자년 간에 | 當景泰癸丙之間 |
| 죽은 자 육신이요 | 死者六臣 |
| 산 자도 육신이라 | 生者亦六臣 |
| 죽은 자는 진실로 본성대로 다한 셈이나 | 死固素性 |
| 살아서 그 뜻 이루기 더욱 어려웠네 | 而生而遂其志爲難 |
| 측간을 바르던 예양(豫讓)도 | 廁溷徒隸 |
| 그 행적 오히려 드러났는데 | 猶是露其跡 |
| 장님 귀머거리 노릇 30년에 | 而託盲聾三十年 |
| 흔적 없어 아는 사람 없었으니 | 泯然人莫能識 |
| 어려운 중 더욱 어려운 일 아니랴 | 又豈非難中之難也邪 |


孔子稱殷有三仁焉 其或死或不死 亦各自靖其身 然箕子內蒙
其難而晦其明 以不失其正 所處爲尤難 故大易特言箕子之明夷
我東耕隱李先生 其殆庶矣乎 先生諱孟專 字伯純 早擢第入藝
苑 世宗朝 歷司諫院正言知製敎 中年見時事艱危 求補外得居
昌縣監 以淸白聞 至景泰甲戌 先生年六十三矣 退老於善之綱

障村 自託於盲聾 謝絕賓友曰 修養所忌也 朔朝每向日而拜曰
祈禱己疾也 雖家人子弟 莫識其意也 佔畢齋金公 以執友子弟
來謁 先生披露心腹曰 阽死蓬廬 旣見君子 自不覺膏次豁然也
於是畢齋得其微意 至臨沒 子弟始知之 蓋先生抱苦心於不言
葆貞操於泯迹 以一身而任綱常之責 非有得於明夷之道乎 亦
可謂仁也已矣 先生誠孝天出 生事葬祭 一遵禮制 待人恭 與物
無競 闍範甚嚴 禁子弟不得乘馬從徒 人有言其貧無以遺子孫
者 先生曰 以淸貧遺子孫何妨 先生生於洪武壬申 卒以成化庚
子 享八十有九年 葬于善山之東延香彌石山西向之原 先生碧
珍之世將軍恩言之後 進賢館大提學堅幹爲五世祖 高祖伏 修
文殿大提學 曾祖君常 司宰副正 祖希慶 兵馬都元帥 考審之
贈兵曹判書 妣礪山宋氏 縣令仁孫之女 妣星州呂氏 判書克誨
之女 配善山金氏 直提學成美之女 葬在先生之墓前 子恂敎授
愐通贊 怡 惇主簿 孫埰源縣監 堁源直長 增源 培源將仕郎
曾玄以下 多不盡載 先生弟恭僖公季專有記先生言行 并與遺
集二卷 失於兵火 爲可惜已 然畢齋有彝尊錄 崔訒齋李蒼石諸
公爲之讚揚敍述 而善之三仁祠 咸之六臣廟 皆祠享百世 理義
之在人心 蓋無窮焉 先生之後幾世而宗絕 其移于永川者稍繁
遠孫錫華等建別祠于龍溪 其子猶龍謁象靖曰 先祖之墓有碣而
無文 訒齋治一石瘞墓下 是固有待於後人 盍惠以一言 象靖不
敢辭 銘曰

當景泰癸丙之間 死者六臣 生者亦六臣 死固素性 而生而遂其
志爲難 廁溷徒隷 猶是露其跡 而託盲聾三十年 泯然人莫能識

又豈非難中之難也邪〈『대산집(大山集)』제48권〉

정절공(貞節公) 어계(漁溪) 조려(趙旅, 1420～1489)

함안 조씨(咸安趙氏)로 시조는 조정(趙鼎)이다. 조정은
고려 개국공신인 신숭겸(申崇謙) 배현경(裵玄慶) 복지겸(卜
智謙) 김선평(金宣平) 권행(權幸) 등과 교의(交誼)가 두터웠
고 왕건(王建)을 도와 고려 통일에 공을 세워 개국벽상공
신(開國壁上功臣) 대장군(大將軍) 원윤(元尹)이 되었다. 후손
들이 그를 시조로 삼고 함안에 세거(世居)하면서 본관을
함안으로 삼았다. 함안 입향조는 어계의 조부인 조열(趙
悅)이다. 조열은 평광(平廣)에 살다가 뒤에 산인리 원북동
으로 옮겨 살았다.

1420년(세종2) 증 사복시 정(贈司僕寺正) 안(安)과 성산이
씨(星山李氏) 역(懌)의 따님 사이에서 태어났다. 자는 주옹
(主翁)이다.

1455년 단종이 수양대군에게 선위(禪位)하자 성균관에
있다가 고향인 함안으로 돌아와서 서산 아래에 살았는
데, 이 서산을 후세 사람들이 백이산(伯夷山)이라고 불렀
다. 어계가 처음 함안으로 낙향했을 때는 수목이 울창하
여 인가 하나 없이 쓸쓸한 외로운 골짜기에 불과하였다.
어계가 손수 숲을 베고 풀을 깎아 터를 닦고 집을 지어
살았다. 어계는 장래가 촉망되는 인재였으나 단종 선위
후 벼슬을 하지 않고 다만 시냇가에서 낚시로 여생을 보

어계 조려 묘역

내고자 스스로 어계라 하였다.

　낙향 후 단종에 대한 충절은 항상 간직하고 있었다. 1456년(세조2) 단종이 청령포(淸冷浦)로 유배되자 원호(元昊) 이수형(李秀亨) 등과 치악산(雉岳山) 무릉리(武陵里) 입구에 제명록(題名錄)을 세우고 단종의 만수무강을 기원했다.

　1457년(세조3) 10월 24일 단종이 유배지에서 승하했다는 것을 듣고 함안에서 오백여리 길을 밤낮으로 달려 청령포에 당도하니 배가 없어 하늘을 우러러 통곡을 하였다고 전해온다. 또한 충청도 계룡산(鷄龍山) 동학사(東鶴寺)에서 세칭 초혼칠신(招魂七臣:단종이 세상을 떠나자 엄흥도는 단종이 입고 있던 옷을 가지고 계룡산 동학사(東鶴寺)로 가서 김시습(金時習) 조상치(曺尙治) 조려(趙旅) 성희(成熺) 송간(宋侃) 이축(李蓄) 정지산(鄭之産) 등과 단(壇)을 쌓고 초혼(招魂)을 부르며 제사를 올렸다.)과 함께 단종의 고혼(孤魂)을 불러 제사를 지내 뒷날 숙모전(肅慕殿)의 기원이 되기도 했다.

흥양 이씨(興陽李氏) 현감 운(運)의 따님을 아내로 맞았는데 정숙한 행실이 있어서 부녀의 도리를 매우 잘 갖추었기에 모두가 말하기를 천생연분의 배필이라 칭송하였다. 아들 셋을 두니 장남은 동호(銅虎)로 군수를 역임하였으며 증직은 참판이었고 차남은 금호(金虎)이며 첨지를 지냈고 증직은 좌윤이었으며 다음은 야호(野虎)인데 일찍 세상을 떠났다.

김창협(金昌協)의 문인인 도암(陶菴) 이재(李縡, 1680~1746)가 신도비를 지었다. 비문은 아래와 같다.

세상에서 김시습을 동방의 백이라고 칭송하였으니 열경은 참으로 우뚝하게 홀로서서 정의의 지조를 실천한 선비라 하겠다. 그러나 동료를 버리고 가정을 떠나 스스로 방랑하면서 그 몸을 혼탁하게 하였으니 이러한 선비는 법도안에서 절의를 지킨 선비와는 같이 말 할 수 없을 것이다.

영남의 함안에 이른바 백이산이라는 산이 있었으니 옛날 어계선생 조려가 그 밑에 살았다. 공은 단종 원년 계유(1453)에 진사시에 합격하여 사림의 명망이 매우 높았다. 어느 날 여러 학생들과 작별하고 함안으로 돌아와 종신토록 다시 출사하지 아니하고 낚시로써 스스로 즐겼으니 대개 그 마음은 열경의 마음과 같았으니 그 자취는 숨겨져 사람들의 칭송이 없었다. 이것은 혹 뒷날 성인이 일어나 숨겨져 있던 행적을 천양하도록 하였는 것인가.

공의 자는 주옹이니 가정에서 실천한 행실이 독실 완비 하였다. 집이 매우 가난하였으나 어버이의 봉양에는 맛있는 음식을 극진하게 공양하였으며 상사와 제사에는 한결같이 주문공 가례를 표준삼았다. 자제를 가르침에는 의리로 하고 종당을 대함에는 인화로 하였다.

날마다 아침 일찍 일어나 의관을 정제하고 단정하게 앉아 글을 읽었으며 읽다가 마음에 깨닫는 것이 있으면 기뻐하면서 침식까지 잊어버렸다. 간혹 빈객이 찾아오면 청아한 마음으로 대좌하여 담소하되 다만 농사에 관한 말 뿐이었다. 때로 임천을 거닐고 천석을 즐기며 천고의 회포를 시로 읊었으니, 그 시에 백이숙제가 수양산에서 절의를 지키며 고사리캐던 유지가 나타나 있다.

조씨의 관향은 함안이니 상조는 고려조의 원윤을 지낸 단석이다. 증조의 휘 천계는 판도 판서였고 조의 휘 열은 공조 전서였으며 아버지 휘 안은 증직이 사복사 정이었다. 외조부는 성산 이역이다. 공은 세종 2년 경자(1420)에 출생하여 향년 칠십세로 일생을 마쳤다. 배위는 홍양이씨 현감 운의 따님이다. 아들에 동호는 군수요 금호는 첨지며 다음은 야호다. 후손으로 현달한 사람은 이조 참판 순 집의 삼 판결사 적 절도사 수천 좌랑 임도 충의공 종도 동중추 봉원 교리 근 정언 권 관찰사 영복 승지 영세다.

공이 몸소 정암강 가에 은거할 곳을 잡았으니 백이산에서 약간 떨어진 곳이다. 일찍이 말하기를, "이 강물이 떨어져야만 나의 자손이 다 될 것이다."고 하여 영남에 산재한 조씨로 공의 자손이 수천명에 달한다.

숙종 기묘에 단종을 복위할 때 영남 선비들이 공의 뛰어난 절의와 덕행을 상소하여 특별히 이조참판을 증직하고 예관을 시켜 치제하였으며 이어 백이산 밑에 사당을 세워 공과 김시습 원호 이맹전 성담수 남효온 제공을 함께 향사하니 공의 은미한 덕행이 이때에 이르러 크게 천명되었다. 조영복이 경상 감사로 와 있을 때 여러 종친들과 수의하여 신도비를 세우려고 계획하고 나에게 그 비문을 청하여 왔다. 이에 가만히 생각하니 우리 조선의 절의가 단종과 세조의 왕위선양할 때 보다 더 융숭한 때가 없었으며 죽음으로 충절을 다한 사육신과 은둔으로 절의를 지킨 생육신이 가장 우뚝하였으며 그 밖에도 의리를 지키고 강상을 세운 탁월한 선비가 어찌 그리 많았는고. 우리 세종대왕께서 수많은 인재를 양성한 공적이 참으로 컸다.

석담 선생이 일찍이 열경을 평하여 말하기를, "후세사람으로 하여금 김시습이 있었다는 것을 다시 알지 못하게 되었더라도 어찌 슬퍼하였겠는가." 하였으니 역시 공들의 마음을 잘 알았다고 이르겠다. 그러나 공이 지켰던 대의는 즉 이른바 천지를 지탱하고 만고에 뻗쳐있어 바꿀 수 없는 것이다. 공이 비록 스스로 없애 버리려고 한들 없어지지 아니하나니 그것은 실로 하늘의 소위이다. 하늘의 소위에 대하여 공이 어찌 하겠는가.

명을 하여 이르되,

| | |
|---|---|
| 어질고 평화로운 요순시대 멀어졌네 | 唐虞世遠 |
| 내가 장차 어디를 따라갈 것인가 | 吾何適從 |
| 세상을 등지고 후회하지 않았으니 | 遯世不悔 |
| 어진 자가 할 수 있는 중용을 취함 일세 | 盖取中庸 |
| 산이 높고 물이 또한 깊었으니 | 山高水長 |
| 선생의 풍도였네 | 先生之風 |
| 나의 명을 크게 지어 | 我銘不怍 |
| 영원무궁 밝혔도다 | 昭視無窮 |

世稱 金說卿 東方伯夷 說卿 固特立獨行之士 然絕類離倫 猖狂自恣 以自溷其身是未可與語於 方之內者 嶺之咸安有所謂 伯夷山者 故漁溪先生 趙公旅居之 公景泰癸酉進士 士望甚重 一日揖諸生歸 終身不復出 漁釣以自樂 其心 盖說卿之心 而其跡隱晦 人無得以稱焉 使聖人 作其或有以 微顯闡幽也歟 公字 主翁 內行純備 家甚貧 親極滋味 喪祭 一以文公家禮 爲準 敎

子弟以義待宗黨以仁 日辨色而 作正襟讀書 遇會心處 便欣然
忘餐 客至淸坐 相看所談 惟桑麻 或曳杖 逍遙嘯咏千古其見於
詩者 往往有採薇遺旨云 趙氏出咸安上祖 麗朝元尹丹碩 版圖
版閣 天啓 工曹典書悅 贈僕正安 卽公三代而 星山李懌外祖也
公以永樂庚子生 年七十而終 娶興陽李氏 縣監運之女 男曰銅
虎郡守 曰金虎僉知 曰野虎 後孫顯者 吏曹參判舜 執義參 判
決事績 節度使壽千 佐郎任道 忠毅公宗道 同中樞逢源 校理根
正言權 觀察使榮福 承旨榮世 公自卜藏於鼎巖江上距伯夷山
若而里 嘗曰 江水盡 子孫亡 嶺之以趙姓者 多祖公 幾累千數
肅宗巳卯復莊陵 嶺儒以公節行聞 特贈 吏曹參判 遣官賜祭 復
就伯夷山下建祠 公及 金公時習 元公昊 李公孟專 成公聃壽
南公孝溫享焉 公之隱德微行 至是始大顯 及榮福 按本道 與諸
宗人 謀將樹大碑 屬辭於縡 竊惟國朝節義 莫盛於莊光之際 六
忠尙矣 其餘樹立卓然 又何布衣之多也 我英陵 械樸作人之功
於戲大哉 石潭先生嘗評說卿曰使後世 不復知有金時習 仰何
悶焉亦可謂得公心矣 然公之 所秉大義 卽所謂撑天地 亘萬古
而 不能易者 公雖欲自泯 其不可泯者天也 公其如天何 銘曰
唐虞世遠 吾何適從 遯世不悔 盖取中庸 山高水長 先生之風
我銘不作 昭視無窮《『도암선생집(陶菴先生集)』27권》

## 정간공(貞簡公) 관란(觀瀾) 원호(元昊, 1396~1463)

　본관은 원주(原州) 자는 자허(子虛) 호는 관란재(觀瀾齋)
또는 무항(霧巷)이다. 원주 출신 광붕(廣朋)의 증손으로 할

아버지는 중량(仲良)이고 아버지는 별장 헌(憲)이며 어머니는 원천상(元天常)의 따님이다.

1423년(세종5) 식년 문과에 급제해 여러 청요직(淸要職)을 차례로 지내고 문종 때 집현전 직제학에 이르렀다. 1453년(단종1) 수양대군이 정권을 잡게 되자 병을 핑계로 향리 원주로 돌아가 은거하였다. 1457년(세조3) 단종이 영월에 유배되자 영월 서쪽에 집을 지어 이름을 관란재(觀瀾齋)라 하고 강가에 나가서 시가를 읊기도 하고 혹은 집에서 글을 짓기도 하면서 아침저녁으로 멀리서 영월 쪽을 바라보고 눈물을 흘리며 임금을 사모하였다.

1456년 단종이 청령포로 유배되자 조려 이수형(李秀亨)과 치악산(雉岳山) 무릉리(武陵里)에 제명록(題名錄)을 세우고 단종의 성수무강(聖壽無疆)을 기원했다.

단종이 죽자 삼년상을 입었고 삼년상을 마친 뒤 고향인 원주에 돌아와 문 밖을 나가지 않아 다른 사람들이 그의 얼굴을 볼 수가 없었다. 그는 앉을 때 반드시 동쪽을 향해 앉고 누울 때는 반드시 동쪽으로 머리를 두었는데 단종의 장릉이 자기 집의 동쪽에 있기 때문이었다.

1457년 세조가 특별히 호조 참의로 불렀으나 이를 거절하였다. 조카인 판서 효연(孝然)이 문밖에서 보기를 청했으나 끝내 거절했다. 앉을 때는 반드시 동쪽을 행하였고 누울 때면 반드시 동쪽으로 머리를 두었다. 주천(酒泉)의 산골짜기 속으로 들어가 한평생 단종을 생각하다가

관란정

죽었다.

손자인 숙강(叔康)이 사관이 되어 직필로 화를 당하자 자기의 저술과 소장(疏章)을 모두 꺼내어 불태운 후 아들들에게 다시는 글을 읽어 세상의 명리를 구하지 말라고 경계하였다. 이 때문에 집안에는 기록이 남아 있지 않고 경력과 행적도 전하는 것이 없다.

1699년(숙종25) 판부사 최석정의 건의로 고향에 정려가 세워지고 1703년 원천석(元天錫)의 사당에 배향되었다. 1782년(정조6) 김시습 남효온 성담수와 함께 이조 판서에 추증되었다. 함안의 서산서원 원주의 칠봉서원(七峰書院)에 제향되었다. 칠봉서원은 강원도 원주시 호저면 신현리에 있으며 1612년(광해군4)에 창건되어 1673년(현종14)에 사액되었으며, 1868년(고종5) 서원철폐령으로 훼철되어 유허비만 남아있다.

명곡(明谷) 최석정(崔錫鼎, 1646~1715)이 묘갈명을 지었으며 내용은 아래와 같다.

옛날 단종 초 원년에 세조의 위엄과 덕망이 점점 성해가니 집현전 직제학 원공이 병으로 관직을 사퇴하고 고향으로 돌아가 세상과 떨어져서 살았다. 그리고 단종이 영월로 물러나게 되자 영월 서쪽으로 가서 정자를 짓고 그 이름을 관란정이라 하였다.

때로는 물가에 나가 휘파람 불고 시를 읊었고 때로는 문을 닫고 들어 앉아 글을 지었는데 아침저녁으로 정자에 올라 멀리 영월을 바라보고 눈물 흘리며 어린 임금을 그리워하였다. 을해년 단종이 승하하자 부모상을 당한 것처럼 3년상을 치르고 상기가 끝나자 다시 원주 옛집으로 돌아가서 문밖을 나가지 않으니 사람들이 그의 모습을 볼 수 없었다. 장조카 원성군 효연이 수행하는 사람들을 물리치고 맨발로 문밖에 꿇어앉아 뵙기를 간청하였지만 거절하고 들이지 아니하였다.

세조께서는 특별히 호조 참의를 제수하고 불러들였지만 죽기를 맹세하고 왕명에 응하지 아니하였으며 앉으면 반드시 동쪽을 향하고 누워도 반드시 머리를 동쪽으로 두어 한 평생을 마치니 이는 장릉이 동쪽에 있기 때문이다.

처음 단종의 칭호를 강등하여 노산군으로 하였는데 지금에(숙종 때) 이르러 대군으로 올려서 봉하였으며 무인년 겨울에 다시 위호를 단종 대왕으로 하고 종묘에 올려 봉하여 제사 지내게 하였으며 묘소도 능이라 하였다.

이때 최석정이 총리사에 임명되어 능을 봉하는 일을 총괄 감독하였는데 위에 상소하여 당시 절의 있는 인물들을 포상하게 하였다. 이때에 공에게는 사당을 짓고 향사하여 포상하였고 김시습은 사헌부 관원으로 추증하였으며 엄흥도도 추증하여 육신의 사당에 배향하였다.

그리고 지방 유생들의 상소를 따라서 공을 운곡서원에 높여 모시고 또 공과 이맹전 조려 김시습 성담수 남효온을 영남 함안에 사당(서산서원)을 짓고 함께 모시게 하니 오랫동안 불평스럽던 일이 이때에 와서야 거의 유감없이 되었다.

공의 휘는 호요 성은 원씨로 원주에서 널리 알려진 성이다. 고조부의 휘 홍필은 고려 문하시중이었으며 증조부 휘 광명은 종부시령이었으며 조부 휘 방부는 증 이조참의이고 부친 휘 헌은 증 병조 참판 익흥군이다.

어머니 원씨는 고려국자 진사 천상의 딸이며 같은 원씨가 아니다. 공은 학문을 일찍이 성취하여 영락 계묘년에 문과에 급제하고 학문이 높아 명성이 당시 친구들 간에 추앙을 받았으며 여러 요직을 거쳐서 문종 때에는 벼슬이 집현전 직제학에까지 이르렀다.

그런데 후에 공의 손자 원숙강이 사관으로서 나라의 역사를 바른대로 썼다가 화를 입고 죽으니 공이 그만 평생 지은 글과 상소문 등을 가져다 불태우고 또 여러 아들들에게 훈계하기를 다시는 글을 읽어 명예와 이익을 구하지 말라고 하였으므로 집에는 한 자의 기록도 남지 않게 되었으며 또한 연대가 오래되고 보니 벼슬 경력과 탄생 서거하신 일의 처음과 끝이 전하여지는 것이 없다.

아아! 시세가 변혁될 때를 당하면 일에 관하여 말하기를 어려운 점이 있는 것이니 밝은 식견과 특별한 지조로 이로움과 해로움, 재앙과 복의 길밖에 선 초연한 사람이 아니라면 그 누가 높이 처신하고 멀리 떨어져서 한 몸을 깨끗이 하여 자신을 보전하고 선왕을 위하는 충성과 의리를 다할 수 있을 것이랴!

선생 같은 분은 기밀을 미리 알고 용감하게 물러나니 큰 선비의 명철한 일을 실천한 것이며 정충의 큰 절개는 백세 후까지도 모든 신하된 사람들의 갈 길을 보여 준 것이다. 명을 바치고 뜻을 관철한 그 밖의 일들이 묻혀서 남은 흔적은 없으나 상고 하건데 공이 걸은 길은 성근보(성삼문) 등 제공들과 달랐지만 그 충렬과 의리로 일관한 점은 조금도 다를 바가 없는 것이다.

후세에 와서 이 일에 대하여 신중하게 논평하는 사람들이 말하기를, "열경(김시습)은 현대의 있어서의 백이요,

육신은 현대의 방련이라하고 또 말하기를 연촌과 무항은
육신에 비하여 그 충절이 더욱 높은 것이다."라고 하니,
아! 가히 고인에 대한 마땅한 논평이 아니겠는가. 여기서
말하는 무항은 관란공이 살던 곳이요, 연촌은 직제학 최
덕지를 말하는 것이다.

주역에 이르기를, "명이는 어렵고 힘든 문제에 봉착할
때 곧음이 이롭다. 아니 어렵고 힘든 문제에 봉착할 때
능히 그 뜻을 바로 하니 기자가 이대로 하였다."라고 하
였는데 내가 가만히 생각하건대 원공이야 말로 기자와
같은 뜻을 갖은 사람이었다.

원공은 영월 신씨 보승랑장 을현의 딸에 장가들어 4남
1녀를 낳았다. 장남 원효행은 생원, 차남 원효렴은 문과
홍문관 교리를 지냈고, 삼남 원효건은 진사요 사남 원효
곤도 진사였으며 딸은 오치종에게 출가 하였다.

산소는 원주 남쪽 10리 남송에 있는데 부인과 같은 산
에 봉분만을 따로 모시었다. 예전에는 비석이 없었는데
지금 돌을 깎아 옆에 세우고 후손 원송령이 공의 행적의
대강을 적어 가지고 와서 명문을 청함으로 다음과 같이
적는다.

신하로서 임금을 섬겨        人臣事君

절개를 다함이 충성인데      盡節爲忠

죽고 사는 것은 다를지언정     死生殊軌

| 그 마음은 하나라네 | 其心直同 |
| 높고 높은 선생께선 | 卓卓先生 |
| 맑지 못한 세상에 태어나니 | 生際不淑 |
| 임금의 자리는 옮겨지고 | 天位有歸 |
| 옛 임금은 돌아가셨네 | 故主殞覆 |
| 다가올 일 미리 알고 | 明燭幾先 |
| 단연코 멀리 떠나 | 決焉遐征 |
| 고향에 숨어살며 | 屛居鄕里 |
| 영화와 명예 벗어 버렸네 | 脫屣榮名 |
| 산 너머 서쪽에다 | 越山之西 |
| 한 칸 집을 새로 짓고 | 爰來結屋 |
| 별들이 북극성을 향하듯이 | 若星拱北 |
| 자나 깨나 동쪽만 향했네 | 坐臥必東 |
| 하늘과 땅이 무너져도 | 天地崩淪 |
| 나는 정절을 지켰네 | 我守其貞 |
| 몸소 삼년 상 치르고 | 身服方喪 |
| 대문 밖을 나오지 않았네 | 跡不戶庭 |
| 두 임금 섬기지 않으니 | 不事二君 |
| 죽더라도 복종할 수 있겠는가 | 矢死罔僕 |
| 아름답다 육신이여 | 猗嗟六子 |
| 그 마음 나와 같구나 | 並我心曲 |
| 성상께서 용서하시니 | 聖上在宥 |
| 나라의 예식을 밝혔도다 | 邦禮式昭 |

| | |
|---|---|
| 단종 묘 새로 짓고 | 新躋端廟 |
| 나라 사당에 모셨도다 | 列于宗祧 |
| 쌓인 원한 씻어내니 | 洗雪積冤 |
| 신도 사람도 모두 기뻐하네 | 神人胥悅 |
| 이에 선생을 돌아보고 | 乃眷先生 |
| 정려를 내려 충절 기렸네 | 旌褒棹楔 |
| 증직과 향사의 은전이 | 贈享之典 |
| 매월당과 엄흥도에게도 미치었네 | 延洎梅巖 |
| 백대가 지난 후에도 | 百世之下 |
| 우뚝한 절개 우러러 본받네 | 有聳觀瞻 |
| 옛날 없던 묘비를 | 舊闕墓碑 |
| 세우고 새기니 | 載營載刻 |
| 높고 높은 치악산에 | 節彼雉嶽 |
| 물소리도 청량하네 | 維水激激 |
| 장릉에서 멀지 않으니 | 是邇莊陵 |
| 유혼이나마 의지할 곳 생겼네 | 遺魄所依 |
| 신령은 감응하여 | 靈神肹蠁 |
| 어김없이 도와주소서 | 擁佑無違 |
| 공의 후손들 | 公有雲仍 |
| 정결히 제물을 올리네 | 圭薦黍稷 |
| 명을 지어 | 作爲銘詩 |
| 천억만년 전하리라 | 風玆千億 |

昔在端宗初 光廟威德日盛 集賢殿直提學元公 謝病歸鄕里 與
世相絕。及端廟遜于寧越 就越之西 築室名以觀瀾 或臨流嘯詠
或閉戶著書 晨夕瞻望涕泣 以寓戀君之忱 乙亥 端宗運訖 服方
喪三年 制畢 復歸原州舊廬 不出戶庭 人莫得見其面 其侄子判
書原城君孝然 屛徒御 踵門請見 堅拒不許 光廟以除戶曹參議
召之 以死自誓 不應命 坐必東向 臥必東首以終焉 蓋以莊陵在
舊居之東也 始端宗降號魯山君 今上朝 陞封大君 至戊寅冬 追
復位號爲端宗大王 陞享于祧廟 封寢園爲陵 時錫鼎實膺摠理
使監董封陵事 白于上 褒尙其時節義人 於是 公則旌其閭 金時
習 追贈臺憲 嚴興道 贈官 配享于六臣祠 因鄕儒疏 請躋享公
於耘谷書院 又以公及李孟專、趙旅, 金時習, 成聃壽, 南孝
溫諸公 建祠于嶺南之咸安 並享焉 曠世哀榮 至此而殆無憾矣
公諱昊 元氏爲原州著姓 曾祖諱廣明 宗簿寺令 祖諱方甫 贈吏
曹參議 考諱憲 贈兵曹參判 妣元氏 高麗國子進士天常之女 非
一元也 公詞藝早成 擢永樂癸卯文科 文學聲望 大爲一時儕友
所推重 歷揚淸顯 文宗朝 官至集賢殿直提學 其後公之孫叔康
以史官直筆被禍 公遂取平生著述及疏章 盡焚之 且戒諸子勿
復讀書求名利 以故家無隻字遺藏 年代且夐邈 官歷生卒 事行
始終 無傳焉 噫 當革除之際 事有至難言 苟非明識特操 超然
於利害禍福之道 夫孰能高擧遠引 歸潔其身 以盡自靖自獻之
義也哉 若先生 見幾勇退 旣得大雅之明哲 精忠大節 尤爲百代
人臣之軌則 而致命遂志 又泯然無跡 與成謹甫諸公 異塗而同
歸 後之篤論者曰 悅卿 今之伯夷 六臣 今之方練 又曰 煙村,

霧巷 比六臣較高 嗚呼 此可以尙論古人矣 霧巷 卽公所居 煙
村 卽崔直學德之云 易曰 明夷 利艱貞 內難以能正其志 箕子
以之 余竊以爲元公 以箕子爲心者也 公娶寧越辛氏保勝郎將
乙賢之女 生四男一女 男長孝行 生員 次孝廉 文科 弘文館校
理 次孝乾 進士 次孝坤 進士 女適吳致宗 墓在原州南十里南
松 夫人同岡而異墳 舊無碑表 今將鑱石楷諸經 後孫松齡 草公
遺事 來請銘 銘曰 人臣事君 盡節爲忠 死生殊軌 其心直同 卓
卓先生 生際不淑 天位有歸 故主殞覆 明燭幾先 決焉遐征 屏
居鄕里 脫屣榮名 越山之西 爰來結屋 坐臥必東 若星拱北 天
地崩淪 我守其貞 身服方喪 跡不戶庭 不事二君 矢死罔僕 猗
嗟六子 竝我心曲 聖上在宥 邦禮式昭 新躋端廟 列于宗桃 洗
雪積冤 神人胥悅 乃眷先生 旌褒棹楔 贈享之典 延洎梅巖 百
世之下 有聳觀瞻 舊闕墓碑 載營載刻 節彼雉嶽 維水激激 是
邇莊陵 遺魄所依 靈神肹蠁 擁佑無違 公有雲仍 圭薦黍稷 作
爲銘詩 風玆千億 《관란유고(觀瀾遺稿)』 2권〉


청간공(淸簡公) 매월당(梅月堂) 김시습(金時習, 1435~1493)
본관은 강릉(江陵) 자는 열경(悅卿) 호는 매월당(梅月堂) 청
한자(淸寒子) 동봉(東峰) 등이다. 서울 출생으로 증조부 윤
주(允柱)는 안주목사(安州牧使) 할아버지 겸간(謙侃)은 오위
부장(五衛部將) 아버지 일성(日省)은 음보(蔭補)로 충순위(忠
順衛)를 지냈으며 어머니는 울진 선사 장씨(仙楂張氏)이다.
1437년(세종19) 3살 때부터 외조부로부터 글자를 배우

김시습 초상

기 시작하여 한시를 지을 줄 아는 천재였다. 그가 신동(神童)이라는 소문이 당시의 국왕인 세종에게까지 알려졌다. 세종이 승지를 시켜 시험을 해보고는 장차 크게 쓸 재목이니 열심히 공부하라고 당부하고 선물을 내렸다고 하여 '오세(五歲)'라는 별호를 얻게 되었다. 5세인 1439년(세종21)에는 이웃집에 살고 있던 예문관 수찬(修撰) 이계전(李季甸)으로부터 『중용』과 『대학』을 배웠고 이후 1447년(세종29)까지 성균관 대사성 김반(金泮)과 윤상(尹祥)에게서 배웠고 여러 역사책과 제자백가는 스스로 읽어서 공부했다.

21세 때인 1455년 수양대군의 왕위찬탈 소식을 듣고, 3일간 통곡을 하고 보던 책들을 모두 모아 불사른 뒤 스스로 머리를 깎고 승려가 되어 산사를 떠나 전국 각지를 유랑하였다. 매번 비가 온 뒤 계곡 물이 넘치면 종이에 시를 지어 흘려보내고 또 써서는 흘려보냈다. 이렇게 하기를 종일토록 해서 종이를 다 써야 그만 두었다. 때때로 목을 놓아 통곡을 하기도 했다. 자화상에 스스로 찬하여 가로되, "네 모습은 지극히 못 생겼고 네 말은 너무도 바보스럽다. 마땅히 구렁텅이 속에 던져두어야 하리."라고 하였다. 1481년에 육식을 하고 머리카락을 길렀으나 얼마 안 되어 다시 산으로 돌아가 스님의 모습을 하였다. 1493년 무량사(無量寺)에서 생을 마쳤으니 59세였다.

선조는 율곡을 시켜 김시습의 전기를 쓰게 하였고 숙종때는 해동(海東)의 백이(伯夷)라 하였으며 집의(執義)의 벼슬을 추증하였다. 1784년(정조8)에 이조 판서에 추증하고 청간의 시호도 내렸다. 남효온과 함께 영월 육신사(六臣祠:1685년(숙종11) 영월 장릉동에 창건(創建)되었다. 1699년(숙종25) 사액되었으며 1705년(숙종31) 창절사(彰節祠)로 개칭(改稱)하였다. 1788年(정조12) 서원으로 승격되었다.)에 배향(配享)되었다. 공주 숙모전(肅慕殿) 함안 서산서원과 영천 용계서원에 배향되었다.

율곡(栗谷) 이이(李珥, 1536~1584)는 1582년 선조의 명으로『김시습전(金時習傳)』을 지어 세상에 그의 지조를 전했다. 내용은 다음과 같다.

김시습의 자는 열경(悅卿)이요 본관은 강릉(江陵)이다. 신라 알지왕(關智王)의 후예(後裔)에 왕자 주원(周元)이란 이가 있었는데 강릉에 살았기 때문에 그의 자손들이 그곳에 본적(本籍)을 두게 되었다. 그 뒤에 연(淵)과 태현(台鉉)이란 이가 있었는데 모두 고려의 시중(侍中) 벼슬을 하였다. 태현의 후손에 구주(久住)는 벼슬이 안주 목사(安州牧使)에 그쳤고, 그의 아들 겸간(謙侃)은 오위부장(五衛部將)

에 그쳤고, 겸간의 아들 일성(日省)은 음사(陰仕)로 충순위(忠順衛)가 되었다. 일성이 선사 장씨(仙槎張氏)에게 장가들어 선덕 10년(1435, 세종17)에 한성에서 시습을 낳았다.

김시습은 나면서부터 천품이 남달리 특이하여 생후 8개월 만에 스스로 글을 알았다. 최치운(崔致雲)이 보고서 기이하게 여겨 '시습'이라고 이름을 지었다. 시습은 말은 더디었지만 정신은 영민하여 글을 볼 때 입으로는 읽지 못했으나 그 뜻은 모두 알았다. 세 살 때에 시를 지을 줄 알았고 다섯 살에 『중용』과 『대학』에 통달하니 사람들이 신동(神童)이라 하였다. 허조(許稠) 등이 많이 찾아와서 보았다.

장헌대왕(莊憲大王 세종)이 듣고 승정원으로 불러 시(詩)로 시험하니 과연 빨리 지으면서도 아름다웠다. 하교(下教)하기를, "내가 친히 보고 싶으나 세속의 이목을 놀라게 할 듯하니 그 가정에 권하여 드러내지 말고 잘 가르치도록 하게 하라. 그의 학업이 성취되기를 기다려 장차 크게 쓰리라."하고 비단을 하사하고 집으로 돌려보냈다. 그때부터 그의 명성(名聲)이 온 나라에 떨쳐 그의 이름을 부르지 않고 다만 5세라고만 불렀다. 시습은 임금의 권장(勸獎)을 받고 나서는 더욱 원대한 학업에 힘썼다. 경태(景泰 명 태종 연호) 연간에 영릉(英陵 세종대왕)과 현릉 (顯陵 문종대왕)께서 차례로 세상을 떠나고 노산(魯山 단종)이 3년 만에 왕위를 손양(遜讓)하게 되었는데 이때 시습의 나이 21세였다. 삼각산에서 글을 읽다가 서울에서 온 사람으로부터 그 소식을 듣고 즉시 문을 닫아걸고 3일 동안 바깥출입을 하지 않다가 방성통곡(放聲痛哭)한 다음에 읽고 쓰던 서책을 모조리 불살라 버렸고, 광기(狂氣)를 일으켜 뒷간에 빠졌다가 도망하여 불문(佛門)에 의탁(依託)하고 승명(僧名)을 설잠(雪岑)이라 하였다. 그의 호는 여러 번 바뀌어 청한자(淸寒子)·동봉(東峰)·벽산청은(碧山淸隱)·췌세옹(贅世翁)·매월당(梅月堂)이라 하였다. 그의 생김은 못생기고 키는 작았으나 뛰어나게 호걸스럽고 재질이 영특하였으며 대범하고 솔직하여 위의(威儀)가 없으며 강직하여 남의 허물을 용납하지 못했다. 시세(時世)에 분개한 나머지 울분과 불평을 참지 못하였고, 세상을 따라 어울려 살 수 없음을 스스로 알고 드디어 육신에 구애받지 않고 세속 밖을 방랑하여 우리나라의 산천치고 그의 발자취가 미치지 않은 곳이 없었다. 명승(名勝)을 만나면 곧 거기에 자리 잡았고, 고도 (故都)를 찾아가면 반드시 발을 구르며 슬픈 노래를 불러 여러 날이 되도록 그치지 않았다. 총명하고 뛰어남이 남달라서 사서(四書)와 육경(六經)은 스승에게 배웠으나, 제자(諸子)와 백가서(百家書)는 배우지 않고도 섭렵하지 않은 것이 없었다. 한번 기억하면 일생 동안 잊지 않았기 때문에 평일에 글을 읽거나 책을 가지고 다니지 않았지만, 고금(古今)의 문적(文籍)을 꿰뚫지 않은 것이 없어 남의 질문을 받으면 응대하지 못하는 것이 없었다.

가슴에 가득 쌓인 불평과 강개의 용솟음을 풀어낼 길이 없어 세간의 풍월(風月)·운우(雲雨)·산림(山林)·천석(泉石)·궁실(宮室)·의식(衣食)·화과(花果)·조수(鳥獸)와 인사의 시비(是非)·득실(得失)·부귀(富貴)·빈천(貧賤)·사병(死病)·희로(喜怒)·애락(哀樂)이며, 나아가 성명(性命)·이기(理氣)·음양(陰陽)·유현(幽顯) 등에 이르기까지 유형·무형의 말할 수 있는 것이면 모두 문장으로 나타냈다. 때문에 그의 문장은 물이 솟구치고 바람이 부는 것과도 같고, 산이 감추고 바다가 머금은 것과도 같으며, 신이 선창하고 귀신이 답하는 것과도 같아 보는 사람으로 하여금 그 실마리를 잡아내지 못하게 하였다. 성률(聲律)과 격조(格調)는 애써 마음을 쓰지 않아도 그 뛰어남은 사치(思致)가 고상하고 원대하여 상정(常情)을 멀리 빗나가고 벗어났으므로 문장이나 자질구레하게 다듬어 수식하는 자로서는 따라갈 바가 되지 못하였다.

도리에 대해서는 비록 완미(玩味)하여 그 진의를 구하는 것과 존양(存養)의 공부는 적었으나 탁월한 재능과 지혜로써 이해하여 횡담수론(橫談竪論)이 유가(儒家)의 본지를 크게 잃지 않았다. 선가(禪家)와 도가(道家)에 대해서도 대의(大意)를 알아서 그 병통의 근원을 탐구하였고, 선어(禪語) 짓기를 좋아하여 그 현묘하고 은미한 뜻을 밝혀 천명하되 환해서 막힌 데가 없었기 때문에, 비록 학문에 깊은 노석(老釋)과 명승들도 그의 논봉(論鋒)에는 항거할 수 없었다. 그의 선천적으로 뛰어난 자질(資質)은 이것으로도 알 수 있다.

스스로 명성(名聲)이 너무 일찍부터 높았다고 생각하여 하루아침에 세상을 도피하여 마음은 유교에 있고 행동은 불교를 따라 시속(時俗) 사람들이 해괴하게 여겼다. 이에 일부러 광태(狂態)를 부려 이성을 잃은 모양을 하여 진실을 가렸다. 학자(學子)로서 학문을 배우겠다고 하는 이가 있으면, 나무토막이나 돌멩이로 때려 보기도 하고 또는 활을 당겨 쏘아 보려고도 하여 그의 성의를 시험하였다. 그렇기 때문에 문하에 머물러 있는 이가 적었고 또 산전(山田)을 개간하기 좋아하여 부귀한 집의 자식일지라도 김을 매고 거두어들이는 일을 시키는 등 매우 힘들게 하였기 때문에 끝까지 학업을 전수받는 자는 더욱 드물었다.

산에 가면 나무껍질을 벗겨 시를 쓰기를 좋아하였는데 한참 읊조리다가 문득 곡하고는 깎아 버리기도 하고, 어떤 때에는 종이에 써서 남에게 보이지 않고 물이나 불에 던져 버리기도 하였다. 또 어떤 때에는 나무를 조각(彫刻)하여 농부가 밭갈이하는 모습을 만들어 책상 옆에다 두고 종일토록 골똘히 들여다보다가 울면서 태워 버리기도 하였다. 때로는 심은 벼가 이삭이 패어 나와 탐스럽게 되었을 때에 취중(醉中)에 낫을 휘둘러 모조리 쓸어 눕히고 그러고는 방성통곡하기도 하였다. 그 행동거지가 종잡을 수 없었으므로 크게 속세의 웃음거리가 되었다.

산에 있을 때에 찾아오는 사람이 있으면 자기에 대한 서울의 소식을 물어보고 자기를 통렬히 욕하는 이가 있더라고 하면 희색(喜色)이 드러나고 거짓 미치광이로서 그 속에는 다른 배포가 있다고 하는 이가 있더라고 하면 바로 눈살을 찌푸리며 좋아하지 않았다. 그리고 인망 없는 인물이 고위 고관에 임명되었다는 것을 알게 되면 반드시 통곡하되, "이 백성이 무슨 죄가 있어서 이 사람이 이 책임을 맡게 되었나."하였다.

당시의 유명한 대신(大臣)인 김수온(金守溫)과 서거정(徐居正)은 시습을 국사(國士)로 칭찬하였다. 거정이 막 조정에 들어가느라고 행인을 물리치고 바삐 조회에 들어가는데, 마침 시습이 남루한 옷에 새끼줄로 허리띠를 두르고 폐양자(蔽陽子 천한 사람이 쓰는 흰 대로 엮은 삿갓)를 쓴 채로 그 길을 지나다가 그 행차의 앞길을 범하게 되었다. 그리하여 머리를 들고, "강중(剛中:서거정의 자)이 편안한가." 하였다. 거정이 웃으며 대답하고 수레를 멈추어 이야기 하니, 길 가던 사람들이 놀란 눈으로 서로 쳐다보았다. 조정의 벼슬아치 가운데 어떤 이가 시습에게 모욕을 당하고 분함을 참을 수가 없어 거정을 보고 그 사실을 아뢰어 그의 죄를 다스려야 한다고 하자 거정은 머리를 저으며, "그만두게. 미친 사람과 무얼 따질 필요가 있겠는가. 지금 이 사람을 벌하면 백대(百代) 후에 반드시 공의 이름에 누(累)가 되리라."하였다.

김수온이 지성균관사(知成均館事)로서, "맹자가 양(梁)나라 혜왕(惠王)을 뵙다.[孟子見梁惠王]"라는 논제로 태학의 유생들을 시험하였다. 상사생(上舍生) 한 사람이 삼각산(三角山)에 있는 시습을 찾아가서, "괴애(乖崖 김수온의 별호(別號))가 장난을 좋아합니다. '맹자가 양나라 혜왕을 뵙다.'란 것이 어찌 논제가 될 수 있단 말입니까?"하였다. 시습이 웃으며, "이 늙은이가 아니면 이 논제를 내지 못할 것이리라."하더니 붓을 들어 깜짝할 사이에 글을 지어서 주며, "자네가 지은 것이라 하고 이 늙은이를 속여 보라."하여 상사생이 그 말대로 하였으나 수온이 끝까지 다 읽기도 전에 문득, "열경(悅卿)이 지금 서울 어느 산사(山寺)에 머물고 있는가?"하였다. 상사생은 할 수 없이 사실대로 고백하였으니 이와 같이 알려져 있었다. 그 논지(論旨)의 대략은, "양나라 혜왕은 왕을 참칭하였으니 맹자가 만나서는 안 된다."는 내용이었는데 지금은 그 글이 없어져 수집하지 못하였다.

김수온이 죽은 뒤에 그가 앉아서 죽었다고 말하는 이가 있었다. 그러나 시습은, "괴애는 욕심이 많으니 어찌 그럴 리가 있겠는가. 가령 있었다 하더라도 앉아서 죽는 것은 예가 아니다. 나는 다만 증자(曾子)의 역책(易簀)과 자로(子路)의 결영(結纓)을 들었을 뿐이요 다른 것은 알지 못한다."고 하였으니 이는 수온이 부처를 좋아하였기 때문에 시습이 한 말이었을 것이다.

성화(成化) 17년(1481, 성종12)에 시습의 나이 47세였다. 갑자기 머리를 기르고 글을 지어 그의 할아버지와 아버지의 제사를 지냈다. 그 글의 대략은, "순(舜)이 오교(五教)를 베푸심에 부자유친(父子有親)이 으뜸이요. 죄가 3000가지나 되더라도 불효(不孝)가 가장 큽니다. 하늘과 땅 사이에 살면서 양육(養育)하신 은혜를 저버리겠습니까. 어리석은 소자는 조상의 뒤를 이어 나가야 하는데 이단(異端 불교)에 빠졌다가 마지막에 와서 비로소 깨달았습니다. 예전(禮典)을 상고하고 성경(聖經)을 뒤져서 돌아가신 조상의 제사에 정성을 다하는 큰 의례를 강구하여 정하고 청빈(淸貧)의 생활을 참작하여 간결하면서 정결하게 해서 정성을 다합니다. 한(漢)나라 무제(武帝)는 70세에 처음으로 전 승상(田丞相)의 말을 깨달았고 원(元)나라 덕공(德公)은 100세에 비로소 허노재(許魯齋)의 풍화(風化)에 감화하였습니다."하였다.

드디어 안씨(安氏)의 딸에게 장가들어 가정을 이루었다. 벼슬을 하라고 권하는 이가 많았으나 시습은 끝까지 뜻을 굽히지 않고 의연하게 세속에 구애받지 않고 마음 내키는 대로 살아가기를 예전대로 하였다. 달밤을 만나면 이소경(離騷經)을 외우고 외우고 나서는 반드시 통곡하였다. 어떤 때에는 송사하는 곳에 들어가서 굽은 것을 곧다고 궤변(詭辯)을 휘둘러 승소(勝訴)하게 하고 판결문이

나오면 크게 웃고는 찢어 버렸다. 장바닥 아이들과 어울려 거리를 쏘다니다 술에 취하여 길가에 드러눕기가 일쑤였다. 하루는 영의정 정창손(鄭昌孫)이 저자를 지나가는 것을 보고, 큰소리로, "이놈아, 그만두어라."하고 소리쳤다. 그러나 창손은 못들은 체하고 지나갔다. 이 때문에 모두 그를 위태롭게 여겨 친구들이 절교(絶交)하였는데 오직 종실(宗室) 수천 부정(秀川副正) 이정은(李貞恩)과 남효온(南孝溫)·안응세(安應世)·홍유손(洪裕孫) 등 몇 사람들은 끝까지 변하지 않았다. 효온이 시습에게 묻기를, "나의 소견은 어떠한가?"하니 시습이 답하기를, "창(窓)구멍으로 하늘 보기이다"라고 하였다. 효온이 다시 묻기를, "동봉(東峰)의 식견은 어떠한가?"하니 시습이 답하기를, "넓은 뜰에서 하늘을 우러러보는 거네."라고 하였다.

얼마 안 되어 그의 처가 죽으니 그는 다시 산으로 돌아가서 두타(頭陀)의 모습을 하였다. 강릉과 양양(襄陽) 등지로 돌아다니며 놀기를 좋아하고 설악(雪嶽)·한계(寒溪)·청평(淸平) 등의 산에 많이 머물렀다. 유자한(柳自漢)이 양양 군수가 되어 그를 예로 대접하여 가업(家業)을 다시 일으켜 출세하기를 권하였으나 시습이 편지로 이를 사절하였다. 그 글의 대략에, "장차 긴 보습을 만들어서 복령[茯]을 캐리라. 온 나무가 서리에 얼어붙으면 중유(仲由)의 온포(縕袍)를 손질하고 온 산에 백설이 쌓이면 왕공(王恭)의 학창(鶴氅)을 매만지려 하네. 뜻을 얻지 못하여 세상에 사는 것보다는 소요하며 한평생을 보내는 편이 나으니 천년 후에 나의 속뜻을 알아주기 바라네."하였다.

홍치(弘治) 6년(1493, 성종24)에 병이 들어 홍산(鴻山) 무량사(無量寺)에서 생을 마쳤으니 그의 나이 59세였다. 화장을 하지 말라는 그의 유언에 따라 절 곁에 임시로 빈소 차림을 해 놓아두었다 3년 후에 안장하기 위하여 그 빈실(殯室)을 열어보니 안색(顏色)이 살아 있는 것 같았다. 승도(僧徒)들이 놀라 모두 성불(成佛)하였다고 감탄하고, 마침내 불교의 다비(茶毘)를 하여 그의 잔해(殘骸)를 취하여 부도(浮圖)를 만들었다. 생시에 친히 자신의 늙었을 때와 젊었을 때의 두 개의 화상을 그려 놓고 찬(贊)을 스스로 지어 두었으니, 그 찬의 종장(終章)에, "너의 얼굴은 지극히 못생겼고 너의 말버릇은 너무 당돌하니 너를 구렁텅에 처넣어 둠이 마땅하도다."하였다. 그의 시문(詩文)은 거의 흩어져 십분의 일도 남아 있지 않은데 그것을 이자(李耔)·박상(朴祥)·윤춘년(尹春年) 등이 앞 다투어 수집해서 세상에 간행하였다.

내가 생각건대, 사람이 천지의 기운을 받고 태어나는데 청탁(淸濁)과 후박(厚薄)의 차이가 있으므로 날 때부터 아는 것과 배워서 아는 구별이 있으니, 이것은 의리로써 하는 말이다. 시습과 같은 사람은 문장에 있어서는 나면서부터 터득했으니 문장에도 날 때부터 아는 자가 있는 모양이다. 거짓 미치광이로 세상을 도피하였으니 그 은

미한 뜻은 가상하나 굳이 윤리의 유교를 포기하고 방탕
하게 스스로 마음 내키는 대로 한 것은 무슨 까닭인가.
비록 빛과 그림자를 감추어 후세 사람들로 하여금 김시
습이 있었던 줄 모르게 한들 무엇이 답답할 것 있겠는가.

그 사람을 생각할 때 재주가 타고난 기량 밖으로 넘쳐
흘러서 스스로 지탱하지 못하였던 것이니 경청(輕淸)한
기는 지나치게 받고 후중(厚重)한 기는 모자라게 받았던
것이 아니었는가 한다. 그러나 그는 절의를 세우고 윤기
(倫紀)를 붙들어서 그의 뜻은 일월(日月)과 그 빛을 다투게
되고, 그의 풍성(風聲)을 듣는 이는 나약한 사람도 용동하
게 되니 백세의 스승이라 한다 하여도 지나친 말이 아닐
것이다. 애석한 것은 시습의 영특한 자질로써 학문과 실
천을 갈고 쌓았더라면 그가 이룬 것은 헤아릴 수 없었을
것이다.

그의 바른말과 준엄한 논의는 기피해야 할 것도 저촉
하였고 공경(公卿)을 꾸짖고 매도(罵倒)하며 조금도 서슴
지 않았는데 당시에 그의 잘못을 들어 말한 자가 있었다
는 말을 듣지 못하였으니, 우리 선왕(先王)의 성대하신 덕
과 높은 재상들의 넓은 도량으로 말하면 말세에 선비로
하여금 말을 공손하게 하도록 하는 것과 견주어 볼 때에
그 득실이 어떠하겠는가. 아, 거룩하여라.

金時習字悅卿 江陵人 新羅闕智王之裔 有王子周元 邑于江陵

子孫仍籍焉 厥後 有淵有台鉉 皆爲高麗侍中 台鉉之後久住 官
止安州牧 生謙侃 終五衛部將 謙侃生日省 以蔭補忠順衛 日省
娶仙槎張氏 於宣德十年 生時習于漢師 生稟異質 離胞八月 自
能知書 崔致雲見而奇之 命名曰時習 語遲而神警 臨文口不能
讀 意則皆曉 三歲 能綴詩 五歲 通中庸 大學 人號神童 名公許
稠輩多就訪焉莊惠大王聞之 召致承政院 試以詩 果捷而佳 下
敎日 子欲親見 恐駭俗聽 宜勖其家 韜晦敎養 待其學成 將大
用 賜帛還家 於是聲振一國 稱曰五歲而不名 時習旣蒙睿獎 益
懋遠業 景泰年閒 英陵顯陵 相繼而薨 魯山以三年遜位 於是
時習年二十一 方讀書于三角山中 人有自京城來者 時習卽閉
戶不出者三日 乃大哭 盡焚其書 發狂陷于溷厠而逃之 託迹緇
門 僧名雪岑 累變其號曰淸寒子 曰東峯 曰碧山淸隱 曰贅世翁
曰梅月堂 爲人貌寢身短 豪邁英發 簡率無威儀 勁直不容人過
傷時憤俗 氣鬱不平 自度不能隨世低仰 遂放形骸遊方之外 域
中山川 足迹殆遍 遇勝則棲焉 登覽故都 則必躑躅悲歌 累日不
已 聰悟絕人 其於四書六經 則幼時受業于師 若諸子百家 則不
俟傳授 無不涉獵 一記而終不忘 故平日未嘗讀書 亦不以書笈
自隨 而古今文籍 通貫無漏 人有擧問者 應口說無疑 磊塊忼慨
之胸 無以自宣 凡世閒風月雲雨山林泉石宮室衣食花果鳥獸人
事之是非得失 富貴貧賤死生疾病喜怒哀樂 至於性命理氣 陰
陽幽顯 有形無形可指而言者 一寓於文章 故其爲辭也 水涌風
發 山藏海涵 神唱鬼酬 閒見層出 使人莫知端倪 聲律格調 不
甚經意 而其警者則思致高遠 迥出常情 非雕篆者 所可跂望 於

道理雖少玩索存養之功 以才智之卓 有所領解 橫談豎論 多不
失儒家宗旨 至如禪道二家 亦見大意 深究病源 而喜作禪語 發
闡玄微 穎脫無滯礙 雖老釋名髡 深於其學者 莫敢抗其鋒 其天
資拔萃 以此可驗 自以聲名早盛 而一朝逃世 心儒迹佛 取怪於
時 乃故作狂易之態 以掩其實 士子有欲受學者 則逆擊以木石
或彎弓將射 以試其誠 故處門者旣罕 且喜開山田 雖綺紈家兒
必役以耘穫甚苦 終始傳業者尤鮮矣 山行 好白樹題詩 諷詠良
久 輒哭而削之 或題于紙 亦不示人 多投水火 或刻木爲農夫耕
耘之形 列置案側 熟視終日 亦哭而焚之 有時所種禾甚盛 穎栗
可玩 乘醉揮鎌 盡頃委地 因放聲而哭 行止叵測 大被流俗所嗤
點 居山見客 問都下消息 聞人有肆罵者 則必色喜 若日佯狂而
有所蘊云 則輒攢眉不怡 見除目達官 或非人望 則必哭曰 斯民
何罪 此人當此任耶 時名卿金守溫 徐居正 賞以國士 居正方趨
朝行辟人 時習衣藍縷 帶藁索 戴蔽陽子 賤夫所戴白竹笠稱蔽
陽子也 遇諸市 犯前導 仰首呼曰 剛中 居正字 安穩 居正笑應
之 駐軒語 一市皆駭目相視 有朝士受侮者不能堪 見居正以啓
治其罪 居正搖首曰 止止 狂子何足與較 今罪此人 百代之下
必累公名 金守溫知館事 以孟子見梁惠王論 試太學諸儒 有上
舍生見時習于三角山曰 乖崖 守溫別號 好劇 孟子見梁惠王 豈
合論題 時習笑曰 非此老 不出此題 乃走筆成篇曰 生員爲自製
者 試瞞此老 上舍生如其言 守溫讀未終 遽問曰 悅卿住京山何
寺 上舍生不能隱 其見知如此 其論大略 以爲梁惠僭王 孟子不
當見云 今逸不收 守溫旣卒 人有言坐化者 時習曰 乖崖多慾

寧有是 就令有之 坐化非禮 吾但聞曾子易簀 子路結纓而已 不知其他 蓋守溫好佛故云 成化十七年 時習年四十七 忽長髮爲文 以祭祖若父 其文略曰 帝敷五敎 有親居先 罪列三千 不孝爲大 凡居覆載之內 孰負養育之恩 愚騃小子 似續本支 沈滯異端 末路方悔 乃考禮典 搜聖經 講定追遠之弘儀 參酌淸貧之活計 務簡而潔在腆以誠 漢武帝七十年 始悟田丞相之說 元德公一百歲 乃化許魯齋之風云云 遂娶安氏女爲妻 人多勸之仕 時習終不能屈志 放曠如舊 値月夜 喜誦離騷經 誦罷必哭 或入訟庭 持曲作直 詭辯必勝 案成 大笑破棄之 多與挑達市童傲遊 醉倒街上 一日 見領議政鄭昌孫過市 大呼曰 彼漢宜休 昌孫若不聞者 人以此危之 相識者絕交 惟宗室秀川副正貞恩. 南孝溫 安應世 洪裕孫輩數人 終始不渝 孝溫問時習曰 我所見如何 時習曰 穴窓窺天 言所見小也 東峯所見如何 曰廣庭仰天 言見高而行未到也 未幾 妻歿 復還山 作頭陀形 僧家剪髮齊眉者謂之頭陀 喜遊江陵 襄陽之境 多住雪嶽 寒溪 淸平等山 柳自漢宰襄陽 待以禮 勸復家業 行于世 時習以書謝之 有曰 將製長鑱 用斸苓朮 庶欲萬樹擬霜 修仲由之縕袍 千山積雪 整王恭之鶴氅 與其落魄而居世 孰若逍遙而送生 冀千載之下 知余之素志 弘治六年 臥病于鴻山無量寺終焉 年五十九 遺戒無燒葬 權厝寺側 後三年將葬 啓其殯 顔色如生 緇徒驚嘆 或以爲佛 竟依異敎荼毗 僧家燒葬之名 取其骨 作浮圖 小塔名 生時 手畫老少二象 且自贊留于寺 贊之亂曰 爾形至眇 爾言大侗 宜爾置之溝壑之中 所著詩文散失 十不能存一 李耔 朴祥 尹春年 先

後衰集 印行于世云

臣謹按 人體天地之塞 以淸濁厚薄之不齊 有生知學知之別 此
以義理言也 若如時習者 於文天得 則文字亦有生知矣 佯狂避
世 微意可尙 而必抛棄名敎 蕩然自恣者 何歟 雖藏光匿影 使
後世不知有金時習 抑何憫焉 想見其人才溢器外 不能自持 無
乃受氣豐於輕淸 嗇於厚重者歟 雖然 標節義扶倫紀 究其志 可
與日月爭光 聞其風 懦夫亦立 則雖謂之百世之師 亦近之矣 惜
乎以時習英銳之資 礱磨以學問踐履之功 則其所成就豈可量乎
噫 危言峻議 犯忌觸諱 訶公詈卿 略無顧藉 而當時不聞有擧其
非者 我先王之盛德 碩輔之宏量 其視季世使士言遜者 得失何
如耶 嗚呼韙哉〈『율곡선생전서(栗谷先生全書)』 14권〉


## 정숙공(靖肅公) 문두(文斗) 성담수(成聃壽, 생몰미상)

본관은 창녕(昌寧) 자는 이수(耳叟) 호는 문두(文斗)이다.
예문관 대제학 석용(石瑢)의 증손으로 할아버지는 개(槪)이
고 아버지는 홍문관교리 희(熺)이며 어머니는 호조판서
이견기(李堅基)의 따님이다. 성삼문의 재종제이다.

천성이 조용하고 담박하여 세간의 명리에 욕심이 없었
다. 1456년(세조2) 성삼문 등 사육신이 단종복위를 도모
하다가 실패하여 처형되자 그의 아버지 희도 친족이라는
이유로 연좌되어 혹독한 국문을 받고 김해에 안치되었
다. 3년 뒤에 풀려나서 공주에 돌아왔으나 마침내 충분
(忠憤)으로 세상을 떠났다. 그는 진사에 합격하였으나 이

일에 충격을 받아 벼슬을 단념하고 선영이 있는 파주의 문두리에 은거하였다.

조정에서 참봉을 제수하여 출사를 종용했으나 끝내 응하지 않았다. 조카 몽정(夢井)이 경기 관찰사가 되어 파주를 순찰함에 있는 곳을 알지 못해 인상을 설명하여 그 사람을 찾은 연후에 알게 되었다. 그 집에 이르니 초가집은 쓸쓸하여 비바람도 가리지 못하는데 흙으로 만든 마루는 무릎이나 넣은 정도요 손님 자리에는 깔개도 없었다. 몽정이 탄식하며 갔다. 집으로 돌아와 자리를 보내니 담수가 손을 저어 거절하며 말하기를, "이 물건은 빈천한 사람이며 시대의 죄인인 자제에게 어울리지 않는다."고 했다. 참봉을 제수하고 거취를 살폈는데 머리를 숙이지 아니함이 없었으나 끝내 받지 않았다. 시와 낚시질로 소일하였다.

1782년(정조6)에 김시습 원호 남효온 등과 함께 이조 판서로 추증되고, 서산서원 외에 창녕의 물계서원(勿溪書院)에 성송국(成松國) 성삼문 성수침(成守琛) 성운(成運) 성제원(成悌元) 성혼(成渾) 등 성씨 일문의 여러 현인들과 함께 제향되고 있다.

『생육신문집』에 성담수의 생애를 기록한 「문두선생전」이 실려있다.

선생은 성씨요 이름은 담수이다. 자는 이수이며 본관

은 창녕이다. 교리 인재공 휘 인의 큰아들이며 시중선생의 7대손이다. 경태 병자년 화에 연루되어 심한 국문을 당했으나 끝내 굴복하지 않았다. 조정에서 용서하여 죽이지 않고 김해에 안치해 그 자산을 적몰하고 그 자식들은 부역을 시켰다. 3년 후인 무인년에 공주에 부처되어 연좌가 풀려 공은 달전리에 살았다.

문을 닫고 깊이 숨어 살면서 끝내 충분한 마음을 가진 채 세상을 마쳤다. 선생은 파주의 선대 묘소아래에서 숨어 살면서 대부로서 자처하지 않았다. 조정에서 공의 효행을 아름답게 여겨 참봉을 제수했으나 끝내 나가지 않고 세상과 절연하면서 문밖 출입을 하지 않고 세상을 떠났다.

곧은 마음과 절개는 능히 선열들을 이어받았으니 그 아버지에 그 자식이라 할 만하다. 숙종때 함안군 선비들이 함안군에 생육신의 서원을 창건하고자 사액을 청하는 상고에서 생육신은 경은 이맹전 어계 조려 관란 원호 동봉 김시습 문두 성담수 추강 남효온이었다.

경태 병자년 전후 여섯사람의 종적이 각각 달랐으나 마음의 일은 일치되어 세상사람들이 생육신이라고 칭하였다. 생육신은 사육신에 비교해서 이르는 말이다. 선생의 형제 여섯사람 자매 여섯사람인데 우애가 지극하여 사람들이 이간질 하지 못했다. 자손이 없어 외손이 제사를 모시고 있다. 서원은 함안에 있으며 창년 세덕사에 추배되었다.

先生姓成諱聃壽 字耳叟昌寧人也 號文斗 校理諱僖仁齋公之
長子也 侍中先生七代孫也

景泰丙子之禍 父仁齋公 連累被嚴鞫 終不服 朝家貸以不殺 安
置于金海 籍其産 役其子 越三年戊寅 付處于公州 解其隨坐
公仍居達田里 杜門邃處 竟以忠憤沒 先生屛處于坡州先墓之
下不以大夫自處 朝家嘉公孝行 拜寢郞終不就 與世相絕 不出
戶外 以終其身 貞心亮節 克紹前烈 可謂有是父有是子矣 肅廟
朝 咸安郡士子等 創建生六臣書院於同郡 因陳疏賜額 生六臣
耕隱李孟專 漁溪趙旅 觀瀾元昊 東峯金時習 文斗成聃壽 秋江
南孝溫也 景泰丙子前後 六人之蹤迹 各異而心事一致 世人稱
之曰生六臣與死六臣比方之謂也 先生兄弟六人 姊妹六人 友
愛天至人無間言 終無嗣 外孫奉祀 書院在咸安 又追配於昌寧
世德祠〈『생육신문집(生六臣文集)』8권〉


## 문정공(文貞公) 추강(秋江) 남효온(南孝溫, 1454~1492)

본관은 의령(宜寧) 자는 백공(伯恭) 호는 추강(秋江) 행우
(杏雨) 최락당(最樂堂) 벽사(碧沙)이다. 영의정 재(在)의 5대
손으로 할아버지는 감찰 준(俊)이고 아버지는 생원 전(恮)
이며 어머니는 도사 이곡(李谷)의 딸이다.

김종직의 문인이며, 김굉필 정여창 등과 함께 수학하였
다. 인물됨이 영욕을 초탈하고 지향이 고상하여 세상의
사물에 얽매이지 않았다. 김종직이 이름을 부르지 않고
반드시 '우리 추강'이라 했을 만큼 존경했다. 1478년(성종

9) 성종이 자연 재난으로 여러 신하들에게 직언을 구하자 25세의 나이로 장문의 소를 올리면서 문종의 비 현덕왕후(顯德王后)의 능인 소릉(昭陵)을 복위할 것을 주장했다.

소릉 복위는 세조 즉위와 그로 인해 배출된 공신의 명분을 직접 부정한 것으로서 당시로서는 매우 모험적인 제안이었다. 이 때문에 훈구파의 심한 반발을 사서 도승지 임사홍(任士洪), 영의정 정창손(鄭昌孫) 등이 그를 국문할 것을 주장했다. 이 일로 인하여 그는 정부 당국자들로부터 미움을 받게 되었고 세상 사람들도 그를 미친 선비로 지목하였다.

1480년 어머니의 명령에 따라 마지못해 생원시에 응시해 합격했으나 그 뒤 다시 과거에 나가지 않았다. 김시습이 세상의 도의를 위해 계획을 세우도록 권했으나, 소릉이 복위된 뒤에 과거를 보겠다고 말하였다. 당시는 세조를 옹립한 정난공신(靖難功臣)들이 집권하고 있었다. 그렇기 때문에 소릉 복위 주장은 용납되지 않았고 다른 명목으로 박해하려 하였다. 그 뒤 벼슬을 단념하고 바른 말과 과격한 의론으로써 당시의 금기에 저촉하는 일을 조금도 꺼리지 않았다. 때로는 무악(毋岳)에 올라가 통곡하기도 하고 남포(南浦)에서 낚시를 하기도 하였다.

당시의 금기에 속한 사육신이 단종을 위하여 사절(死節)한 사실을 「육신전」이라는 이름으로 저술하였다. 그의 문인들이 장차 큰 화를 당할까 두려워 말렸지만 죽는 것

이 두려워 충신의 명성을 소멸시킬 수 없다 하여 「육신
전」을 세상에 펴냈다. 1504년 갑자사화 때에는 소릉복위
를 상소한 것을 난신(亂臣)의 예로 규정하여 부관참시를
당하였다.

1511년(중종6) 참찬관(參贊官) 이세인(李世仁)의 건의로
성현(成俔) 유효인(兪孝仁) 김시습 등의 문집과 함께 비로
소 간행하도록 허가를 받았다. 1513년 소릉 복위가 실현
되자 신원되어 좌승지에 추증되었다. 1782년(정조6)에 다
시 이조 판서에 추증되었다. 서산서원 외에 고양의 문봉
서원(文峰書院) 장흥의 예양서원(汭陽書院) 영월의 창절사
(彰節祠) 의령의 향사(鄕祠) 등에 제향되었다.

족후순(族後孫) 남공철(南公轍)이 묘갈명을 지었다.


정조 6년에 원주(原州)의 유생이 고(故) 직제학 원호(元
昊)의 행장을 갖고 조정에 시호를 청하니 해조(該曹)에 내
려 보내 의논하게 하고 이어서 공과 김시습(金時習) 성담
수(成聃壽) 이맹전(李孟專) 조려(趙旅) 등에게 모두 증직하
고 시호를 내리도록 명하였다. 공과 다섯 사람은 세상에
서 단종의 생육신(生六臣)이라 일컫는다. 사육신(死六臣)과
는 그 일이 비록 다르지만 옛 임금을 위해 충절을 다하
느라 과거에 응시하지 않거나 벼슬하지 않고 혹 은둔한
것으로 말하면 그 의리가 마찬가지이다.

정조께서 나라를 다스릴 때에 무릇 전대의 충량(忠良)

한 선비들이 모두 신원(伸寃)되어 포상하는 조치가 일마다 마땅함을 얻었는데 이 일은 더욱 사람들의 바람에 크게 위로되어 조야(朝野)가 귀를 기울여 들으며 혹 눈물을 흘리는 사람도 있었다.

공은 휘가 효온(孝溫)이고 자가 백공(伯恭)이고 학자들이 추강(秋江) 선생이라 일컫는다. 남씨(南氏)는 대대로 의령(宜寧)에 살았다. 그 선조 휘 재(在)는 의정부 영의정을 지냈고, 시호가 충경(忠景)으로, 태조의 묘정(廟庭)에 배향되었다. 증조부 휘 간(簡)은 직제학을 지냈고 청백리로 당시에 이름이 드러났다. 조부 휘 준(俊)은 사헌부 감찰을 지냈고 고(考) 휘 전(恮)은 생원이었다. 비(妣)는 이씨(李氏)이다.

공은 경태(景泰) 갑술년(1454, 단종2)에 태어났다. 사람됨이 청명(淸明)하고 호매(豪邁)하여 무리 중에 초연히 고사(高士)의 풍모가 있었다. 천성이 술을 좋아하여 때때로 심하게 마시고 크게 취하며 위언(危言)과 궤론(詭論)을 즐겨 하여 기휘(忌諱)를 저촉하였다. 하루는 어머니 공인(恭人)이 걱정하여 경계하는 말을 하자 공이 이로부터 결코 다시 마시지 않았고 「지주부(止酒賦)」를 지어 스스로 경계하였다. 그 뒤로는 붕우가 술을 권하여도 마시지 않았다.

겨우 약관의 나이에 이미 도를 구할 뜻을 두어 책 상자를 지고 점필재(佔畢齋) 김 선생의 문하에 종유하여 성리의 학문을 배웠다. 선생이 공의 이름을 부르지 않고 호를 부르며 말하기를, "늙은 나는 그대의 선생이 아니고 그대는 바로 늙은 나의 벗이다."하였다.

성종 3년(1472)에 공이 글을 올려 소릉(昭陵)의 복위를 청하였다. 소릉이 폐해진 뒤로 사람들이 모두 입을 닫아 감히 한마디 말을 내지 못하더니 공이 이때에 이르러 항론(抗論)하여 참으로 당세를 크게 놀라게 하였다. 도승지 임사홍(任士洪)은, "이는 신하로서 감히 말할 바가 아니다."하며 의논을 주창하여 힘껏 배척하였고, 영의정 정창손(鄭昌孫)은 일찍이 소릉을 폐하는 논의에 참여했기 때문에 또한 저지하였고 당시 사람들은 모두 미친 서생이라고 지목하니 공이 더욱 비분하여 시속에 염증을 느꼈고 통곡하며 산택(山澤)에 들어가 혹 종일토록 돌아오지 않기도 하였다.

일찍이 「육신전(六臣傳)」을 지으니 문생(門生)과 친구들이 화가 미칠까 두려워하여 다투어 그만두게 하였다. 공이 웃으며 말하기를, "내가 어찌 한 번의 죽음을 두려워하여 끝내 충신의 이름을 민몰시키겠는가."하여, 「육신전」이 마침내 당시에 유행하였다.

이윽고 강호(江湖)로 집을 옮기어 몸소 농사지으며 글을 읽었다. 겨를이 있으면 삿갓을 쓰고 낚싯대를 잡고서 어부와 나무꾼과 뒤섞여서 다니다가, 하늘에 있던 흰 해를 우러러보며 탄식하기를 "사람의 삶의 이치는 곧은 것이다. 사람도 속일 수 없거늘 하늘을 속일 수 있겠는가."

하였다.

경자년(1480, 성종11)에 사마시에 입격하였으나 끝내 대과에 응시하지는 않았다. 그의 벗 김열경(金悅卿)이 그에게 이르기를 "나는 선왕(先王)의 두터운 은혜를 받았으니 벼슬하지 않는 것이 마땅하지만, 선생은 이와 다르니 세도(世道)를 위하여 한번 나아감이 옳을 것입니다."하였다. 공이 말하기를, "소릉이 복위된 뒤에 응시해도 늦지 않을 것입니다."하니 열경 또한 다시 말하지 않았다.

공은 젊어서 학문에 종사하여 스승과 벗을 통하여 도움을 받았다. 주계정(朱溪正) 이심원(李深源) 안흥공(安興公) 자정(子挺)은 모두 사이좋은 벗으로 죽림우사(竹林羽士)를 맺었다. 지려(砥礪)와 명행(名行)이 당시 사류(士類)의 영수가 되니 벼슬아치와 선비로서 동남쪽을 지나는 사람은 모두 그 집을 예방하였다.

문장이 간결하고 스스로 자신의 뜻을 말하기를 좋아하였다. 문집 4편이 세상에 전한다. 공이 「귀신론(鬼神論)」을 지어 굴신(屈伸)과 유명(幽明)의 이치를 말하였다. 뒤에 우리나라 사신이 일본에 이르렀을 때 그 나라 사람들이 그때까지 이를 외우고 있었다. 어떻게 「귀신론」을 얻었느냐고 물었더니, 전해진 지 오래되어 기억하지 못한다고 하였다 한다.

공이 세상을 떠났을 때에 겨우 39세였다. 고양(高陽)의 대장리(大壯里) 등성이에 안장하였다. 부인은 윤씨(尹氏)이니 군수 윤훈(尹壎)의 따님이다. 일남(一男)은 충세(忠世)이다.

연산조 갑자년(1504, 연산군10)에 사화가 일어났을 때 점필재의 문도로서 당고(黨錮)로 죽은 사람이 무려 100여 명인데, 공이 생전에 언급한 소릉의 일을 추후에 논죄(論罪)하여 부관참시(剖棺斬屍)하였고 충세 또한 연좌되어 죽어 후사가 없다. 중종이 즉위하여 비로소 소릉을 복위하였고, 공의 원통함을 씻어 승정원 좌승지를 추증하고 고양(高陽) 의령(宜寧) 장흥(長興) 등의 고을에 모두 사당을 세워서 제사 지내게 하였다. 정조께서 또 자헌대부(資憲大夫) 이조 판서를 추증하기를 명하고 문청(文淸)이라는 시호를 내리니 성조(聖朝)에서 충절을 포장(褒奬)한 것이 아, 성대하도다.

공은 일개 포의(布衣)의 신분으로 세상을 마쳤고 그 수립한 바는 겨우 소릉을 복위하자는 상소 하나만 있을 뿐이다. 그러나 그 뜻을 미루어 보면 비록 천지에 우뚝하고 일월처럼 빛난다고 해도 괜찮을 것이다. 비평하는 사람들이 이르기를, "공은 조정에서 말할 책임을 맡은 사람과는 처지가 다르다."하고, 혹은 말하기를, "점필재는 이미 세조에게 벼슬했기 때문에 응당 「조의제문(弔義帝文)」을 짓지 않았어야 했고, 그 당시 한림 김일손(金馹孫)이 이를 사초(史草)에 적어 재앙을 끼친 것은 잘못이다."하니 이는 모두 경권(經權)과 본말(本末)을 따져 보지 못한 논의이다.

갑자사화 당시에 형장의 이슬로 사라지고 구족(九族)이 몰살당한 사대부들이 앞뒤로 서로 이어지니 세상이 모두 두려워하여 글을 읽는 것을 재앙의 근원이라고 지목하였다. 그러나 천지와 더불어 경위(經緯)가 되는 군신 간의 대륜(大倫)이 그나마 실추되지 않을 수 있었던 것은 그 누구의 공이겠는가.

선비에 대해서는 마땅히 대절과 일의 옳고 그름과 바르고 바르지 못함을 보아야 할 것이니 두 공이 벼슬하고 벼슬하지 않은 것과 말해야 하고 말하지 않아야 하는 것은 굳이 논할 필요가 없다. 하물며 그 의리로 말하자면 누구나 말할 수 있는 것임에 있어서이겠는가. 동경(東京)과 백마(白馬)의 일이 있었을 때로부터 이미 지위를 벗어난 의논을 과격하게 이루어 내며 법조문에 얽어매고 왜곡과 비방을 일삼는 자들이 헤아릴 수 없이 많았다. 한자(韓子)가 말하기를 "소인은 의논만 좋아하고 남의 아름다움을 이루어 주기를 좋아하지 않는다."하였으니 오호라! 이것은 본조의 사화(士禍)가 크게 사람과 관계된 것이다. 저 후생들이 어찌 의논할 수 있겠는가.

또 왕위가 바뀌는 것에 대해서는 예로부터 언급하기 어려운 법이다. 이때 조정에 있던 여러 신하가 서로 눈치를 보며 입을 다물었고 심한 경우는 고명(顧命)을 받고서도 도리어 눈을 감아 전혀 부끄러워할 줄 모르던 자가 한둘이 아니었다. 공은 진실로 천명이 돌아가는 것을 알아 오히려 한 몸으로 강상(綱常)을 지탱하느라 처음에는 기자(箕子)의 미친 척과 예양 (豫讓)의 행동을 하다가 끝내는 무덤이 파헤쳐져서 부관참시당하고 그 재앙이 뻗어서 친구와 일족에게까지 미쳤으나 스스로 후회할 줄 몰랐으니, 공은 마음을 다했다고 할 만하다.

공이 세상을 떠난 지 지금 300년이 되었으나 묘소의 일에 결함이 많다. 종인(宗人)들이 묘갈을 세우려 하면서 나에게 비문 짓는 일을 맡겼다. 내가 생각건대, 생육신과 사육신은 그 사적이 모두 사관(史官)에 실려 있어 뒷날 반드시 상고할 만한 것이 있을 것이기에 다만 총론에 대하여 상세히 말하여 뒷날의 군자를 기다린다. 이에 명(銘)을 짓는다.

공이 죽은 지 삼백 년에 후사가 끊어지니
公歿卅紀後嗣絕
허물어진 무덤은 덤불이 우거지고 막혔네
有隤者墳榛且闕
날다람쥐 뛰고 여우 울며 바람이 사나우니
鼯跳豿號風颲颲
아 여기가 선생이 묻힌 곳일 줄 누가 알리오
噫孰知爲先生之歿
맑고 밝은 덕이 몸에 간직되니
清明在躬

미친 듯한 행동 흠이 되지 않고

狂不爲垢

명성이 사람들의 입에 남아 있으니

名在于人

재앙을 겪은 것 허물이 되지 않네

菑不爲咎

하늘 기둥 꺾어져서 산이 무너지고

天柱折兮山崩

무지개가 가려서 해가 잠식되었네

蝀蝀翳兮日薄蝕

뭇사람들 혼몽하여 식견이 어둡지만

衆昏曚而墨㒭

나만 홀로 깨끗하고 밝으니

我獨察察

세상의 형벌을 받지 않을까

不蒙世之湯鑊

묘갈명을 비석에 새겨서

刻銘于石

이 정절의 선비를 표시하니

表茲貞士

쟁기질하거나 밭을 일구지 말고

毋犁而耕

봉분과 가래나무를 보살펴야 하리

其封而梓

저 높은 넉 자의 무덤

彼高四尺

선생이 묻힌 곳이라네

先生攸里

正宗六年 原州儒生 以故直提學元昊狀 請諡于朝 下該曹議 仍
命公與金時習, 成聃壽, 李孟專, 趙旅等 并贈職賜諡 公與五
人 世稱端宗生六臣 與死六臣其事雖異 而爲其舊主盡節 不應
貢擧 不仕 或逃隱 其義一也 正宗在宥 凡前代忠良之士 咸得
伸枉 貤褒擧動 事事得宜 而是擧尤大慰人望 朝野聳聽 或有流
涕者 公諱孝溫 字伯恭 學者稱秋江先生 南氏世居宜寧 其先有
諱在議政府領議政 諡忠景 配享太祖廟庭 曾祖諱簡直提學 以
清名著于時 祖諱俊司憲府監察 考諱恮生員 姑李氏 公生於景
泰甲戌 爲人淸明豪邁 在羣輩中 超然有高士風 性喜酒 時時劇
飮大醉 好爲危言詭論 以觸忌諱 一日 母恭人有憂戒語 公自是
絶不復飮 作止酒賦以自警 其後朋友勸之 亦不飮也 甫弱冠 已
有求道志 負笈從佔畢齋金先生門 得聞性理之學 先生不名公
而號之曰 老夫非子之師 子乃老夫之友也 光廟三年 公上書請
復昭陵 自昭陵廢 人皆囚舌 不敢出一言 公至是抗論之 固大駭
當世矣 都承旨任士洪言此非人臣所敢議 倡議力排 領議政鄭
昌孫 曾與廢陵之議 亦沮之 時人皆目之爲狂生 公益悲憤嫉俗
慟哭入山澤中 或終日不返 嘗著六臣傳 門生故舊懼及禍 競止

之 公笑曰 吾豈畏一死而終沒忠臣之名乎 傳卒行于時 旣而移
家江湖間 躬耕讀書 暇則戴篛笠手釣竿 與漁人樵子 混跡以行
仰見白日在天 歎曰 人生也直 人不可欺 天可欺乎 庚子中司馬
遂不赴擧 其友金悅卿謂之曰 我則受先王厚恩 不仕宜也 子則
異於是 其爲世道 可一出矣 公曰 復昭陵後應試 亦未晚也 悅
卿亦不復言 公少從事學問 輔以師友 與朱溪正深源, 安興公
子挻 皆友善 結爲竹林羽士 砥礪名行 爲一時士類領袖 搢紳章
甫道東南者 無不禮於其門 文章簡潔好自言其志 有文集四編
傳于世 公著鬼神論 言紳伸幽明之理 後我使至日本 其國人至
今誦之 問何以得此論 則其傳已久 今不記云 公卒時年纔二十
九 葬于高陽大壯里之原 配尹氏 郡守壎女 一男忠世 燕山甲子
史禍作 佔畢門徒以黨錮死者 亡慮百餘人 追論公言昭陵事 掘
其塚戮之 忠世亦坐死無嗣 中宗卽位 始復昭陵 雪公寃 贈承政
院左承旨 高陽, 宜寧, 長興諸郡 并立祠俎豆之 正宗又命加
贈資憲大夫吏曹判書 賜諡文貞 聖朝所以褒忠奬節者 猗歟盛
哉 公以一布衣 終其所樹立 僅有復昭陵一疏 然推其志 雖謂之
軒天地耀日月可也 議者謂公與在朝任言責者有異 或言佔畢旣
仕於光陵 不當作某文字 其時翰林書之史草以貽禍非也 是皆
不究經權本末之論也 當甲子之禍 士大夫膏鈇鑕夷九族者 項
背相望 世皆惝惝然指讀書爲禍胎 而君臣大倫之與天地相經緯
者 獨賴而不墜 其誰之功也 士當觀大節與其事之是非正否 二
公之仕與不仕 當言與不當言 不必論也 況其義人得而言者乎
自東京白馬之事 已有激成出位之論 拘文牽法 曲訾傍議者 不

可勝數 韓子言小人好議論而不樂成人之美 嗚呼 此本朝士禍
大關係人 彼後生輩其可得而議之哉 且禪代之際 自古難言之
是時在廷諸臣 相率首鼠喙伏 甚者受顧命反眼 略不知恥者非
一二也 公固知天命有歸 而猶欲以一身揭拄綱常 始旣爲箕子
之狂 豫讓之行 終至發塚剖棺 釁斮剔骸 瓜蔓株挐 禍延朋族而
不自知悔 公可謂盡心矣 公之歿今三百年 墓事多闕 宗人謀欲
樹碣 屬公轍爲文 余謂生六臣與死六臣 其事具載史官 他日必
有可攷者 特於總論詳言之 以竢後之君子 銘曰

公歿卅紀後嗣絶 有隤者墳榛且闕 鼯跳貁號風颼颼 噫孰知爲
先生之坆 淸明在躬 狂不爲垢 名在于人 苟不爲咎 天柱折兮山
崩 蝃蝀翳兮日薄蝕 衆昏瞢而墨寐 我獨察察 不蒙世之湯鑊
刻銘于石 表玆貞士 毋犂而耕 其封而梓 彼高四尺 先生攸里

〈『금릉집(金陵集)』16권〉

# 11

# 1713년 사액서원이 되다.

서산서원 창건 후 10년 뒤인 1713년에는 경상도 유학
손경장 등이 서산서원에 대한 사액을 건의하는 상소를
했다. 1709년 영월 유생의 소청으로 '육신사(六臣祠)'를
'창절사(彰節祠)'로 고쳐 사액(賜額)을 내린 것을 본 경상도
유생들은 생육신을 모신 서산서원도 사액서원이 되어야
한다는 당위성을 주장한 것이다.
  상소문은 다음과 같다.

  엎드려 생각하옵건대 신 등이 지난 계미년(1703) 경 증
이조 참판 조려의 사당을 그가 살던 함안 백이산 밑에 세
우고 따라서 원호 김시습 이맹전 성담수 남효온 등 다섯
사람으로서 한 사당에 일체로 향사할 뜻을 상소 청원하
였더니 다행히 성상이 흔쾌하게 내리신 윤허를 받들어
마침내 서원을 세우고 육신을 함께 향사하는 의식을 거

행하였습니다. 그 후 무자년(1708)에 다시 은액을 특별히
내려주시어 사당의 체모를 높이려는 뜻으로 성상께 청원
한 바 있어 조려 등 육신의 사적전말과 절의의 대략은 성
상께서 이미 통촉하시어 지금까지 기억하고 계실 것으로
짐작되옵니다. 생각하옵건대 전하께서는 선대를 빛내는
효성과 높고 넓으신 덕이 천고에 뛰어나셨습니다. 특히
수 백년을 내려오며 빠뜨려졌던 예전(禮典)을 거행하시어
단종의 왕위를 추복시키시고 또 당시 의리를 지켜 충절
을 다한 신하들에게 혹은 증직 사제하고 혹은 정려의 큰
은전을 내리시어 절의를 숭장하고 풍교를 격려하는 도리
를 거행하지 않으신 것이 없었습니다. 지금  조려는 단
종이 선위하던 때를 당하여 백이숙제의 절의가 있어 그
맑은 유풍은 늠름하게 게으른 사람을 흥기시킬 수 있었
으니 이것이 사당을 세워 높이 받들지 않을 수 없었던 것
입니다. 또 이른바 백이산이라고 한 산은 그 이름이 시
대를 달리한 백이와 이름을 같이하여 천길 인양 높이 솟
아 있어 수 백년이 지난 지금까지도 산으로 인하여 그 사
람을 상상하지 않을 수 없으니 이것이 이 산 밑에 이 서
원을 세우지 않을 수 없었던 까닭이었습니다. 원호 김시
습 이맹전 성담수 남효온 같은 다섯 사람은 비록 조려와
더불어 같은 향리에서 성장한 사람은 아니오나 살아서는
조려와 뜻을 같이 하였으며 사후에는 조려와 방명을 함
께 전하였습니다. 하물며 동성상응하고 동기상구하는 것

은 항상한 이치이오니 생각컨대 여섯 사람의 곧고 굳센 혼백이 어둠속의 저승에서도 반드시 서로 손을 잡고 떨어지지 아니할 것이옵니다. 이것이 여섯 사람을 한 사당에 향사하지 않을 수 없는 까닭이었습니다. 성삼문 등 사육신은 죽음을 함께하여 충절을 다하였기에 이미 박팽년이 살던 대구에 사당을 세우고 함께 향사하였으며 사액까지 하시어 아름답게 하여주셨습니다. 조려 등 여섯 사람도 의리를 지키고 절의를 지킨 것이 실로 사육신만 못할 것이 없었습니다. 어진 조정의 절의와 세교를 장려하는 도리에 있어 마땅히 다 같이 포상 찬양하는 은전이 있어야 하오니 이것이 사액하시어 서원을 빛나게 하여주시지 않으실 수 없는 까닭이옵니다. 그러 하온즉 신 등이 전후 몇 차례에 걸쳐 진정 청원한 것이 어찌 황당무계하고 참람된 말로 성총을 번거롭게 하였겠습니까. 신 등이 처음에 올린 상소문을 해당관서에 내리시어 해당관서의 회계에 이르기를, "조려의 우뚝하게 뛰어난 행적은 지금까지 혁혁하게 세상 사람들의 이목에 비춰주고 있으며 지금 선비들이 올린 글의 기록을 보니 역시 그 인품을 상상할 수 있습니다. 원호 등 여섯 사람은 조려와 더불어 살아서는 뜻을 같이하였으며 사후에는 방명을 함께 전하였으니 다함께 향사하는 것이 진실로 예절에 마땅하오며 그 소청에 따라 특별히 윤허하시는 것이 충성을 포상하고 절의를 숭상하는 법도에 합당할 듯 합니다."하여 우리

**137**

11. 1713년 사액서원이 되다.

전하께서 특별히 윤허를 내리시어 조금도 난점을 남기지 않으셨습니다. 그 때 신 등이 서로 모여 앉아 감탄하였으며 전하의 절의를 숭상하시는 도리를 더욱 우러렀습니다. 그런데 서원 창건의 역사를 마치고 봉안하는 예절까지 이루어진 뒤에 또 서로 의논하여 이르기를, "조정에서 사액을 아끼는 것은 마땅한 사유를 사전에 품달하지 아니하고 임의로 창건한 것과 중첩으로 세운 까닭이었으나 지금 이 서원은 이미 조정에 품달하였고 또한 중첩으로 세운 것이 아니었으며 해당관서에서 마땅히 세워야한다는 사유를 아뢰어 성상께서도 그 시행을 윤허하셨으니 은액의 하사는 자연 뒤따르는 순서에 불과하여 의례 내려질 것"이라고 하였습니다. 그런데 뜻밖에도 두 번째로 올린 글이 해당관서에 내려지니 해당관서에서 회계하여 이르기를, "조려 등이 의리를 지키고 절의를 세운데 대해서는 열성조에서 이미 표창하여 혹은 증직 사제하고 혹은 정려의 은전을 크게 베풀어 숭장 격려하는 도리가 지극하였습니다. 사액의 은전에 있어서는 사안이 매우 중대하여 가벼이 허락하기 어렵습니다."라고 하였으니, 그기에 말한 중대한 사안이라 한 것이 무었을 근거하여 말한 것이 옵니까. 이미 말하기를 열성조에서 표창한 바라한 즉 유독 사액에 대하여 중대한 사안이라 한 것은 무슨 뜻이 온지요. 또한 가벼이 허락하기 어렵다고 말 한 것은 한번 올린 소청으로 즉시 허락하면 은전을 내리는 신중한 도리에 합당하지 못한 것이 되니 뒷날 또 올리는 소청을 기다려서 허락하려는 것이옵니까?

만약 조려 등 여섯 사람의 높은 절의와 곧은 지조로 같은 사당에서 향사하는 것이 합당하지 않다면 그만이오나 당초 창건 봉안한 것이 이미 조정의 밝으신 뜻에 따라 시행한 것이오니 사액은 본시 당연한 일이라 하겠습니다. 그 어찌 추호만큼의 중대한 것이었기에 응당 시행하여야 할 절차에 있어 도리어 의문점을 가지고 시행하지 않습니까. 신 등이 이에 대하여 의혹이 없을 수 없습니다.

지금 우리 세상에서 조려 등 여섯 사람의 절의에 대하여 전후에 표장 숭상한 것이 지극하셨다 하겠사오나 다만 해당관서의 신중론으로 인하여 몇 글자의 사액에 도리어 인색하시어 조정에서 이미 허락한 사당의 향사를 제사의 예전(禮典)에 참례하지 못하게 하였으며 또 박팽년 등을 병사(並祀)한 사당에 비하여 차별지게 하였으니 신 등이 우리 전하께서 충성을 포상하고 절의를 숭상하시는 방법이 시작은 있으나 끝이 없게 되어 풍성을 부식하고 세교를 격려하는 도리에 결함이 있어질까 신 등이 두렵습니다. 어찌 애석하지 않겠습니까?

예전(禮典)을 방해한 해당관서의 회계가 경인년 겨울에 있었는데에도 신 등이 하향에 살면서 그러한 사실을 전혀 듣지 못하고 마음속으로 조정에서 일이 많아 사액을 주청하는 부계(復啓)를 올릴 겨를이 없어 사액이 늦어진

것이라 하였습니다. 근자에 비로소 이 사실을 알고 경악
과 당혹함을 감출 수 없어 마침내 동지들과 함께 천리길
을 달려와 또 다시 대궐 아래에서 호소합니다.

엎드려 비옵니다. 전하께서 절의를 숭상하는 규모를 더
욱 넓히시고 의리를 추모하는 정성을 굽어 살피시어 하루
속히 유사에게 명령하시어 사액의 은전을 베푸시어 어진
조정이 의리를 포상하고 절의를 숭상하는 은전을 시종여
일하게 다하는 한편 한 지방의 많은 선비들의 간절히 바
라는 마음을 위로하여 주소서. 신 등은 격절한 마음을 이
기지 못하겠습니다.

伏以 臣等 曾在癸未年間 以營建 贈吏曹參判 臣趙旅 俎豆之
所於其所居 咸安伯夷山下 仍以 元昊 金時習 李孟專 成聃壽
南孝溫等五人 同祀一廟之意 封章陳請而幸賴 聖上夬賜允俞
遂創建院宇 而竝擧腏食之儀 其後戊子 復以特降 恩額 尊其體
貌之意 叫閣申請 則趙旅等 六人事蹟 顚末節義大略 業已聖明
之 所洞燭 而想至今記有之矣 惟我殿下 光先之孝 嵬蕩之德迴
出前古 特擧百年之闕典 追復 端廟之位號 而又於 當時秉義全
節之臣 或贈爵賜祭或旌閭貴恩 崇獎激勸之方 靡不畢擧則 今
此趙旅 當乙亥 禪代之際 有孤竹二子之節淸風凜然 懦夫亦立
此祠廟之 不可不創建而尊奉也 所謂伯夷山者 名符異代 璧立
千仞 趙旅之卓節高名 竝峙長存而至今數百載之後 莫不因山
而想其人則 此建院之 不可不就於 玆山之下也 若夫 元昊 金

時習 李孟專 成聃壽 南孝溫五人 雖非與 趙旅 同鄉同里者 而
其生也 與趙旅同其志其死也 與趙旅同其傳 況且同聲相應 同
氣相求 是理之常則 六人之貞魂 毅魄 想必連蜷於 冥漠之中
而不相離矣 此六人之 不可不竝享於一廟也 成三問等六臣 同
死全節則 旣立廟 共享於朴彭年所居 大丘之鄉 而賜以額號 以
美之矣 趙旅等六人 守義全節 固無讓於六臣 在聖朝 獎礪之道
宜有一體 襃揚之典則此院號之 不可不頒降 而表章之也 然則
臣等之 前後申籲者 豈敢以 無稽之言 僭猥之說 煩瀆於四聰之
下哉 臣等 初疏之下 該曹也 該曹覆啓曰 趙旅之 特立獨行 至
今赫赫 照人耳目 今以儒疏中 所採錄者見之 亦可以想其爲人
元昊等諸人 與趙旅 生而同志 死而同傳 則一體祠享於禮 固宜
因其疏請 特爲許施 似合於 襃忠尙節之典云而 我 殿下 特爲
允從 無少留難 臣等於其時相與 聚首感歎 益仰我殿下 敦尙節
義之道 而及夫 營創之役畢 而揭虔之禮成 則又與之相議曰 凡
朝家之 所以 靳許賜額者 乃不稟 而担營者 與夫疊設之類耳
今此 本院旣稟于朝 又非疊設 而該曹 覆奏其宜 建聖上又許其
施行 則恩額之頒 不過爲次第事矣 不意 再疏之下該曹也 該曹
防啓曰 趙旅等 守義全節 卽列聖之所已表章者 或贈爵賜祭 或
旌閭賁恩 其崇獎激勸之 方亦已至矣 而至於頒額之典 事體重
大 有難輕易許施 其所謂事體重大者 何所據而言也 旣曰 列聖
之 所已表章則獨於頒額 謂之重大者 亦何意也 抑所謂 有難輕
易許施云者 無乃以一疏 卽許爲 有欠於愼重之道 將欲待後日
申請 而許施耶 如以趙旅等 六人之卓節貞操 不合於同廟 而享

則 已當初 營創而尊奉者 旣因朝家之 明旨則頒降扁額 自是當

然之事體 夫豈有一毫重大者 而乃反持疑於應行之節 格而不

施耶 臣等 不能無惑於是也 今我 聖上於趙旅等 六人節義 前

後褒崇之者 可謂至矣而祇緣 該曹之愼重反靳數字之額號 至

使朝家已許之廟享 不得列於祠典 而又視朴彭年等 竝祀之廟

有所異同則 臣等 竊恐我殿下 褒忠崇節之方 有始無終 而其於

扶樹風聲 激勵世敎之道 亦不免有歉矣 豈不惜哉 豈不惜哉 該

曹防格之啓 在於庚寅冬 而臣等 處於遐鄕 茫然無聞意謂 朝家

多事 不遑覆啓 華額之降 緣此遲淹近始得知有此事 臣等不勝

驚愕駭惑之至 遂倡率同志 千里裹足復此呼籲於 凝旒之廳 伏

乞殿下 益恢尙節之規俯察慕儀之誠 亟 命有司 特賜恩額 以盡

聖朝終始 褒崇之典 以副一方多士 喁望之心焉臣等無任激切

祈懇之至

(『漁溪集』 2권 「慶尙道幼學孫慶章等 請西山書院賜額疏」)


경상도 유생 손경장 등이 서산서원에 대한 사액을 건
의하는 상소를 받은 예조에서는, "경상도 유생 손경장 등
이 올린 글을 보니 조려 등 여섯 사람의 의리를 지키고
절의를 다한 행적이 성삼문 등 사육신에 대하여 부끄러
움이 없었으니 한 사당에 함께 향사하는 것이 예절에 당
연하다 하겠습니다. 당초 소청에 따라 사당창건을 윤허
하셨으니 조정에 사전 보고하지 않고 제 마음대로 세운
것과는 다르며 또 중첩으로 세운 것에 비할 것이 아니오

니 대구 박팽년 사당에 사육신을 같이 향사하는 예에 따라 한 사당에 병향토록 하여주시고 사액하시어 특별히 포상숭장의 은전을 베풀어 주시는 것이 마땅할 것으로 생각합니다. 사액은 실로 중대한 예전(禮典)이라 신 등이 감히 임의로 처리할 수 없사오니 재가하여 주시기 바랍니다.(觀此慶尙道 幼學 孫慶章等 疏辭云云 趙旅等六人 守義全節 無愧於成三問等則 一體祠享 禮所當然 初因疏請 旣許建祠則 與不稟朝廷 擅自營建者有異 又非疊設之比 依大丘 朴彭年祠宇 六臣連享之例 使之竝享一廟 頒降扁額 特施褒崇之典 恐爲得宜 恩額重典 臣曹不敢擅便 上裁何如 啓依允)"라는 의견을 숙종에게 보고했다.

이 보고서에 의해 숙종은 사액을 윤허하고 제문을 내렸다. 이때 제문은 지제교(知製敎) 정유점(鄭維漸)이 지었고 예조 좌랑(禮曹佐郎) 홍도달(洪道達)이 숙종의 명으로 서산서원에 와서 치제하였다.

사액제문은 아래와 같다.

국왕은 신하 예조 좌랑 홍도달을 시켜 증 이조 참판 겸 동지의금부사 오위도총부 부총관 조려 직제학 원호 증 집의 김시습 정언 이맹전 진사 성담수 증 집의 남효온의 영전에 제사하노니.

덕을 숭상하고 포상함에 반드시 사당 세워 향사함은 풍화를 바로 세워 세교를 도움이라. 생각건대 우리 세조께서 시운에 응해 등극하여 요순이 선위하듯 왕위를 물려받아 하늘이 도와주고 사람이 돌아왔네. 그러나 바른 기운 높은 절의 이때에 융성하여 여섯 군자 있었으니 굳은 지조 안고쳤다. 낚시로 자취 감춰 산수 즐긴 시 읊으며 평생토록 자폐하여 윤리를 부식했다. 송촌에서 문을 닫고 친지마저 물리치며 왕의 부름 사양하고 지조 더욱 견지했다. 화악에서 책 불사르고 승복으로 가장하니 중의 행색 선비마음 사람들이 몰랐더라. 초야에 몸을 던져 밤이라도 불 안켜고 평생토록 맹인 가장 가난 속에 즐거웠다. 파산에서 숨어살며 서울에는 가지 않고 바다 밖의 맑은 꿈에 갈매기와 벗하였다. 소릉 복위 하기 전에 과거 단념하고 산에 올라 통곡하며 위험스런 격론을 폈다. 뛰어난 높은 풍도 늠름한 굳센 절의 아름다운 그 이름을 다함께 전했으니 사당 세워 향사함에 이 아니고 뉘를 하랴.

저 낙동강을 바라보니 산 이름이 백이라. 주의 곡식 마다함과 사적이 같았으며 고사리를 캐던 것과 그 이름 부합했네. 하물며 조려는 이곳에서 살았으니 끼친 자취 그 땅에 남아있고, 어진명성 선비들이 추앙하여 한 서원에 향사하니 사당이 정숙하다. 선비들의 높은 보답 여기에 빛났도다. 선비들이 의논모아 유사에게 명령하니 과인이 지난날에 비로소 예절 갖춰 성 박 등 사육신을 일체로 향사하고 오늘 여기 합사함이 예절에 마땅하다. 특별하게

내린 현판 주미가 빛났도다. 수양산의 맑은 바람 천만고
에 전해가리. 제문으로 정을 펴고 술 한 잔 드리니 혼령
이여 내려와서 흠향할지어다.

國王遣臣 禮曹佐郎 洪道達 論祭于 贈吏曹參判 兼 同知義禁
府事 五衛都摠府 副摠管 趙旅 直提學元昊 贈執義金時習 正
言李孟專 進士成聃壽 贈執義南孝溫之靈 尙德褒賢 必以廟祠
風聲用樹 世敎有稗 念我光廟 應運龍飛 堯禪舜受 天與人歸
然惟氣絕 盛於斯時 時有六賢 秉志不移 晦迹釣磯 擧目有詩
沒齒自廢 竟扶倫彝 閉門松村 謝却親知 不就恩召 彌堅操持
焚書華岳 潛混髡緇 跡佛心儒 人莫測窺 投身壟畝 燭未然幾
托盲終老 貧居自怡 坡山屛處 不到京師 海外淸夢 白鷗相隨
昭陵未復 永謝禮闈 登山痛哭 論激言危 高風凜烈 義名同垂
俎豆以奉 微斯而誰 睠彼洛東 山號伯夷 事類襄粟 名符採薇
矧惟臣旅 玆土棲遲 地存遺囑 士挹餘徽 一堂齊享 有廟祈祈
章甫崇報 實貫於玆 愛採士論 亟命有司 日子項歲 肇擧縟儀
成朴諸賢 一體饗之 今玆合祀 於禮亦宜 特賜華扁 俾煥柱楣
首陽淸風 萬古不衰 抒辭侑酌 神其格思

서산서당 창건에 대한 다른 설도 있다. 규장각 소장 〈해
동지도〉 함안군 지도 설명에, "서산서원은 1646년(인조24)
에 세워져 1663년(현종4)에 사액되었다. 이 서원에서는 조
려 원호 김시습 이맹전 성담수 남효온 등 생육신을 배향하

였다."라고 되어 있다. 「〈비변사인방안지도〉에는 1706년에 창건되어 1723년(경종3)에 사액되었다고 기록되어 있다. 2014년 함안군과 경남발전연구원에서 발간한 「서산서원의 역사적 가치연구」에는 "서산서원과 관련된 상소 등의 기록을 종합해 볼 때 1703년 상소하였으며 1706년에 창건되었으며 1713년 사액 서원이 되었던 것으로 판단된다."고 했다.

하지만 1912년 후손 조정규(趙貞奎)가 지은 서산서당 기문에는, "동쪽 산록에 옛날 서원이 있었다. 숙종 계미년에 건립하여 십년 후의 계사년에 나라에서 서산이라는 원호를 받았다. 오랜 세월이 지난 임인년에 모두가 의논하기를 훼철된 서원의 옛터를 그대로 묵혀 둘 수는 없지 않느냐하여 이 서당을 건립하여 동남쪽에 위치하며 많은 선비를 수용하여 강의를 개최할 만하였다.(東麓 舊有先生書院 起於肅廟癸未 越十年 癸巳 天額曰 西山者也 頃於壬寅 僉謂院址不可荒 建此書堂 書堂傑於東南 足以容多士之聚講也)"라고 하여 숙종 계미년 즉 1703년에 시작했다고 되어 10년 후인 1713년 서산서원이라고 사액 되었다고 기록하고 있다.

1706년 창건된 서원은 현재 서산서원에서 조금 떨어진 곳에 있었다. 2014년 경남발전연구원에서 발간한 학술연구용역서에 의하면 서산서원의 원터는 지금의 쌍절각 좌측 뒤편 대나무 숲을 포함한 원북길 12(원북리 345)의 원동재(院東齋)라고 한다. 용역 보고서 내용을 인용한다.

서산서원의 원 터는 지금의 쌍절각의 좌측 뒤편 대나무 숲을 포함한 원북길 12(원북리 345)의 원동재(院東齋)로 확인된다. 원 터는 서산서원으로부터 좌측으로 50여m 거리에 위치하고 그 사이 공간은 괘방산에서 이어져 내려오는 능선이 낮아지면서 원 터보다 지대가 조금 높으며 밭으로 이용되고 있다.

쌍절각에서 원 터로 추정되는 대나무 숲과는 4m 정도의 거리를 두고 있으며 그 사이로는 밭으로 진입하는 소로(小路)가 있다. 대나무 숲은 동서방향으로 100여m 정도 길게 늘어서 있으며 주변의 건물보다 지대가 조금 높고 다소 만곡(彎曲)한다.

쌍절각 뒤편으로는 오랜 세월로 인해 다소 없어지거나 파손되기도 하였으나 석재가 확인되는데 최초 서원 건립 시 사용되었던 부재로 판단된다. 일부 기와 파편들도 확인되나 이는 쌍절각 주변 건물의 자재인지 판단이 어렵다. 대나무 숲의 중간 지점에는 길이 2.5m 높이 1.2m 정도의 기와가 쌓여 있는데 원동재의 지붕기와가 현대식 플라스틱 기와 인 것으로 보아 원동재의 기와 교체로 발생한 것으로 생각된다.

원북마을은 마을입구에서부터 어계생가 위까지 동서방향으로 길게 늘어서 있고 원 터로 추정되는 원동재와 어가생가를 비롯한 원북 마을의 집들이 대부분 모로천에

옛날 서산서원 자리인 원동재

서 흘러 내려오는 소하천을 바라보고 남향 동남향으로 늘어서 있는 것으로 보아 원래의 서원 역시 남향 동남향을 하고 있는 것으로 추정된다.

따라서 서산서원의 원 터는 쌍절각 뒤 대나무 숲을 포함한 원동재이며 현재의 규모보다는 작은 단출한 형태의 서원이었을 것으로 판단되고 부속공간으로 채미정을 추가 건립하였다. 서산서원의 원 터는 재실등의 용도로 사용되고 1984년 원 터와 가까운 현재 위치에 서원을 이전 복원한 것으로 판단된다.

이 보고서를 바탕으로 대원군의 서원철폐령 이전까지 서산서원이 있었던 원동재를 비롯한 서산서원과 채미정

일대는 2015년 3월 19일 함안 생육신 조려 유적(咸安 生六臣 趙旅 遺蹟)이란 명칭으로 경상남도 문화재자료 제590호로 지정되었다.

# 12

## 서산서원 훼철과 서산서당 건립

서산서원은 1868년 고종 무진년에 훼철되었다. 1902
년(광무2) 영남 사림들이 서원의 옛터를 그대로 묵혀 둘 수
없다고 생각하여 서산서당을 건립하여 향례를 봉행하고
강학의 장소로 삼아왔다. 서원의 전례에 따라 매년 3월 중
정일(仲丁日)에 생육신에게 미천재(薇薦祭)를 거행한다.

1980년부터 1984년까지 정부의 보조와 어계 후손들
그리고 유림의 협력으로 복원되었다. 서당 정문인 유입
문(由入門)을 들어서면 정면에 백세청풍(百世淸風)과 서산
서당(西山書堂)이란 현판과 어계의 「구일등고시(九日登高詩)」
일부를 주련으로 걸어놓았다.

강당 대청의 벽에는 어계선생 구일등고시와 숙종조 사
제문 및 서산서당 관련 시판들이 걸려 있다. 서산서당은
군북면 사촌리에 있다.

어계의 후손인 조정규가 지은 서산서당 기문에 서산서

당 건립과정이 기술되어 있다.

요순이 나타나자 천하가 바르게 되었으며 탕왕과 무왕이 일
어나자 천하는 바르게 바뀌었다. 바꾸는 것은 진실로 하늘의
일이다. 백이가 말하기를, "바꾸는 것은 하늘의 일이다."라고
하면서 한 손으로 붙잡으며 바꾸지 말라고 했으니 곧 서산과
더불어 높이 서서 천하에 의로운 마음을 떨쳤다.

온 세상의 산 가운데 서쪽에 있는 산이 많은데 화산을 옥백
(玉帛)의 산이라 부르고 기산을 봉명(鳳鳴)의 봉우리라고 부른
다. 그 가운데 유독 수양산을 서산이라고 부르니 천하에 서
산이 하나인 것은 백이의 채미가에 "저 서산에 올랐다."는 노
래 때문이다.

아아! 천지간의 정직한 기운은 고금을 따지지 않고 부족하지
않으며, 오랑캐와 중국 할 것 없이 공허하지 않으며 나라가 망
해도 함께 망하지 않으며 세상이 변해도 함께 변하지 않고 곧
모여서 발현된다. 백이 이후에 실천한 사람은 몇 사람인가.

한나라 유북지(劉北地), 진나라 도연명(陶淵明), 송나라 문문상
(文文祥), 명나라 방효유(方孝儒) 같은 공들이 있었으며 고려에
정몽주 길재 같은 분이 있었고 조선에서는 단종조의 생육신
과 사육신이 있었다.

우리 어계선생은 일개 진사로서 단종을 위하여 곡을 하고 상
복을 입었으니 백세의 기풍이요 또한 가슴 속 깊고 은미함은
털끝만큼도 하늘을 원망하는 기색 없이 스스로 그 명을 편안

히 하고 끝내 절의를 지켰다. 오호라! 선생은 백이와 기자의 곧음을 얻었다.

함안 읍의 서쪽 이십 리 지점에 쌍봉이 있는데 군지(郡誌)에는 쌍안산이라고 기록 되어 있다. 선생이 태어나자 북쪽을 백이봉, 남쪽을 숙제봉이라 부르게 되었으니 백이 숙제 이후로 3000년이나 흘렀다. 세상 또한 커졌는데 다시 하나의 서산이 있게 되었다. 선생은 이 산 아래에서 성장하여 요순 군민의 큰 뜻을 가졌으나 마침내 시대가 자신의 의지와 맞지 않아 이 산과 더불어 홀로 서도 두렵지 않았으며 은둔해도 근심하지 않았다. 나무와 돌이 나와 함께 살고 고기와 새들이 나와 함께 즐기니 산은 나와 더불어 높고 나는 산과 더불어 영원하리라고 생각하셨을 것이다. 우뚝하도다 하늘이 해와 달로 빛나는 것은 이 산이리라.  명백하도다 세상에 천지와 함께 몸을 함께 하는 것이 선생이리라.

이산 동쪽 기슭에 옛날에 선생의 서원이 있었다. 서원은 숙종 계미년에 건립하여 십년 후 계사년에 나라에서 서산이라는 사액을 받았다. 지난 임인년에 모두가 이르기를, 서원의 옛터를 그대로 묵혀 둘 수는 없다 라고 하여 이 서당을 건립하니 서당이 동남쪽에 우뚝하여 많은 선비를 수용하여 강의를 개최 할 만했다.

아! 선생의 곧은 도의가 하늘을 관통하고 맑은 바람은 온 세상을 깨끗하게 하여 세상의 충신과 의사와 참다운 선비와 올바른 사람들이 계승하여 일어나 천륜을 빛내고 인륜의 기강을 진작시켜 천하를 안정시킨다면 평화를 이 후에는 모든 사람들이 다 함께 요순의 세상에 참여하여 노래를 부르고 춤을 추게 될 것이니 이것이 어찌 우리 집안만의 원하는 바이겠는가. 또한 천하의 다행이 될 것이다. 임자년(1912) 구월 상순에 후손 정규는 삼가 짓는다.


堯舜作天下靜 湯武興天下轉 轉固天也 伯夷曰靜乃天 隻手持令勿轉 乃與西山立乎宵漢 以鎭天下 天下之山 山於西者萬 曰華 玉帛之岳 曰岐 鳴鳳之岡 獨首陽之山曰西山 天下一西山者 以伯夷之歌曰 登彼西山也 噫 天地正直之氣 不以古今而或餒 不以夷夏而或開 國亡而不與之俱亡 世變而不與之俱變 乃鍾而發乎人 自伯夷而後作者 能幾人矣 在漢有劉北地 在晉有陶靖節 在宋有文文山 在明有方孝孺 諸公 在麗有鄭文忠 吉注書 在我端宗有生死六臣 若我漁溪先生 一進士而爲上王哭斂服喪 已足以風乎百世 又其胸次淵微 無毫髮怨天地意 自安其命 卒以罔僕 嗚呼 先生伯夷而得箕子之貞者也 咸安治之西二十里 有雙峰 郡誌載以雙岸山 自先生出 北曰伯夷 南曰夷齊 二子之三千年 久矣 天下亦大矣 復有一西山也 先生長於玆山之下 堯舜君民之志 竟與時違 乃與玆山 獨立不懼 遯世無憫 木石我與居 魚鳥我與娛 山與吾高 吾與山悠久 屹屹乎 天與日月磨光者 其山與 歷歷乎 世與天地參體者 其先生與 玆山東麓舊有先生書院 起於肅廟癸未 越十年 癸巳天額曰西山者也 頃於壬寅 僉謂院址 不可荒 建此書堂 書堂傑於東南 足以容多士之聚構也

嗚呼 先生之直道 貫於九天 淸風灑於六合 使世之忠臣義士眞

儒正人 紹紹起起炳天之彜 振人之紀君臣以靜 則凡厥後人咸

與蹈舞於堯舜之世 豈惟一家之願 亦天下之幸矣

黑鼠季秋上浣 後孫貞奎謹記


　이 글에 의하면 서산서원은 쌍안산, 즉 현재의 군북 백이산 동쪽 산록에 있었다. 나라의 시책으로 서원이 훼철되자 임인년인 1902년 지역의 선비들이 의논하여 서원의 동남쪽에 서당을 건립하여 어계를 비롯한 생육신의 충절을 기리고 선비들의 강학 장소로 삼았다는 것을 알 수 있다.

　서산서당이 건립되자 일산 조정규를 비롯한 지역선비들은 훼철되기 전 서산서원에 배향되었던 생육신의 위패를 봉안하고 그들의 충절을 기렸다. 일산이 지은 당시 상향문을 살펴보자.


## 서산서원 육선생 상향문(西山書堂 六先生常享文)


耕隱李先生

避世托盲 向暾稽首 仁彜有錄 光前垂後

경은 이선생

맹인이라 핑계되고 은둔하면서

동쪽을 향해서는 머리를 숙였네

어짐과 떳떳함 기록이 있으니
선조를 드러내고 후세의 모범이네


漁溪趙先生
國士誓志 方喪參祭 遯于漁釣 淸風百世
어계 조선생
나라의 선비로 맹세하여
임금이 승하하자 제례 참여하고
자연을 벗 삼아 숨어살면서
영원히 선비의 모범이 되었네


觀瀾元先生
浮瓠供御 閉戶向東 猗歟廉立 樹百世風
관란 원선생
표주박을 띄워 단종을 봉양하고
문을 닫고 동쪽으로 향했네
크도다 염치를 세움이여
길이 바른 풍속을 세웠도다


梅月堂金先生
稟天生知 憤時高蹈 淸士立傳 光爭二曜
매월당 김선생
하늘이 내린 자질로서

때를 분개하며 세속을 떠났네
청렴한 선비로 모범이 되어
해와 달과 빛남을 다투네

文斗成先生
忠孝世襲 隱遯自靖 滄浪一闋 民彝是秉
문두 성선생
대대로 계승한 충효정신으로
숨어 살면서 몸을 깨끗이 했네
어부사 한 곡조 끝내자
백성들이 떳떳함을 법 삼았네

秋江南先生
抗疏復陵 作傳褒忠 心性發揮 斯文有功
추강 남선생
소릉 복원에 항소하고
육신전을 지어 전했네
심성이 발휘 되었으니
우리 유학에 큰 공이 있네

　지역 유림들은 서산서당을 새로 새우고 매년 음력 3월 중정일에 미천제(薇薦祭)를 봉행하였다. 그러다가 1980년 후손들이 서원을 복원하고자 성금을 모우기 시작하여

서산서당 전경

1981년 정부의 보조를 받아 복원을 시작하여 1984년 사우 강당 재실 익랑 등을 갖추고 완공을 하여 오늘에 이르고 있다. 현재의 서산서원을 중심으로 서원의 형태를 살펴보자.

## 13

# 서산서원의 공간구성

서원의 공간구성은 사우를 중심으로 한 제향 공간, 강당을 중심으로 한 교육공간, 누를 중심으로 하는 휴식공간, 서적을 수집·보관하는 서재 공간, 제사를 준비하고 제기와 제수를 보관하는 제향 준비 공간 등으로 구성된다.

현재의 서산서원 건물 배치는 서원의 일반적인 배치로 사당이 가장 후면에, 강당이 중간에, 강당을 전면에 두고 동재와 서재가 마주한다. 이는 서원의 일반적인 공간구성이다. 서산서원은 1703년에 건립되어 1984년에 생육신을 봉향하고자 복설되었으며, 1922년 문중에 의해 현재 위치에 이전·복원되었다.

### 홍살문

서산서원을 진입하는 입구 길목에서 제일 먼저 볼 수 있는 것은 홍살문이다. 일반적으로 홍살문은 언제부터

홍살문

어떤 연유로 해서 세워지게 되었는지는 문헌상 기록이
없어 확실히 알 수 없지만 경의(敬意)를 표하라는 뜻이 포
함된 것으로 여겨진다. 곧 서원이 엄숙하고 신성한 구역
임을 알리는 상징적인 역할을 하고 있다. 9m 이상의 붉
은 색 나무 둥근기둥 두 개를 나란히 세우고 위에는 지
붕이 없이 화살 모양의 나무를 여러 개 박아 놓았으나 지
금은 붉은 칠이 많이 벗겨져 있는 상태이다.

### 숭의문(崇義門)

숭의문은 서산서원의 정문(正門)이며 동협문 서협문 중
간문으로 구성된 외삼문(外三門)이다. 건물의 규모는 정
면 3칸 측면 1칸의 가운데 문이 가장 높고 양쪽의 문이

숭의문

낮은 솟을삼문 형태이며 지붕의 형태는 겹처마의 맞배지
붕이다. 건물의 정·배면 길이는 8,500mm, 측면은
2,740mm 정도이다. 생육신의 의로운 정신을 받든다는
의미를 담고 있는 문이다.

### 육각정(六角亭)

육각정은 상의재 옆에 위치하며 서원 관리실로 사용되
고 있다. 육각정은 기둥이 없어 모두 시멘트 벽돌로 6면
을 둘러 쌓았고 도리 이상은 목조를 이용하여 구조체를
형성하고 있다. 육각뿔형태로 육모지붕이다. 육각정은 서
산서원 내의 건물이 1980년대에 지어진 건물이나 대부분
이 목조의 골격을 한 한식구조로 된 건물인데 반해 시멘

육각정

트와 적벽돌을 이용한 다소 이질적인 건물형태이다. 생육
신을 상징하는 뜻으로 육각형으로 세웠다.

경앙문(景仰門)

경앙문은 사당인 충의사의 출입문으로 내삼문(內三門)이
라고도 한다. 숭의당 뒤에 위치한다. 건물의 규모는 정면
3칸, 측면 1칸은 팔작지붕이고, 정·배면은 5,170mm,
측면은 3,180mm 정도이다. 기둥은 모두 직경이 270mm
정도의 원기둥이고, 지붕은 겹치마의 팔작지붕으로 구성
되어 있다. 중간 문에는 엄숙한 공간인 사당임을 알 수 있
는 태극 문양이 그려져 있다. 경앙은 우러러 경모한다는
의미이다.

경앙문

숭의당(崇義堂)

숭의당은 서산서원의 중간에 위치하는 강당으로 유생이 모여 학문을 강론하는 강학 공간이라고 할 수 있다. 강당의 정면에는 서산서원 현판이 걸려있는데, 권형의 글씨이다. 규모는 정면 5칸, 측면 3칸의 5량가로 팔작지붕이며, 정·배면 길이는 14,550mm, 측면은 7,560mm 정도이다. 정칸 및 양협칸은 우물마루의 통칸으로 양 퇴칸은 각각 방으로 구성되어 있다. 지붕은 사면이 겹처마로 팔작지붕이며, 지붕은 기와를 사용하였다.

강당의 각 기둥에는 어계선생의 구일등고시(九日登高詩)가 걸려있다. 내용은 아래와 같다.

9월 9일 중양절에

九月九日是重九

좋은 시절 읊고파 높은 산에 올랐도다.

欲酬佳節登高岡

흰구름 둥실 기러기는 남쪽으로 날았으며

白雲飛兮雁南賓

난초는 아름답고 국화꽃 향기롭네

蘭有秀兮菊有芳

산은 밝고 물 맑은데 연기 빛 참담하고

山明水碧煙慘

높은 바람 맑은 햇빛 기운이 처량하다

風高日晶氣凄涼

갈대꽃은 눈을 뿜듯 강가에 피어 있고

荻花吐雪江之滸

단풍잎 비단처럼 산의 양지 장식했네

楓粧紅錦山之陽

두목은 호방하여 취미산에 올랐으며

杜牧旣上翠微曲

도연명은 뜻이 높아 백의랑이 되었도다

陶潛悵望白衣郎

천년전의 좋은 풍류 어제와 같았으며,

千載風流如昨日

오늘의 호기로움 추상같이 늠름하다

至今豪氣凜秋霜

머리 돌려 바라보니 강산이 저무는데

回頭擧目江山暮

넓은 땅 높은 하늘 생각이 아득하네

地闊天高思渺茫

복희 헌원 멀어져서 슬픔이 한없으며

羲軒遠矣悲何極

요순시절 못 만나니 마음이 괴로워라

華勳不見心自傷

시를 쓴 붓 밑에는 천지가 넓었으며

沈吟筆下乾坤闊

흠뻑 취한 술잔 앞엔 세월이 길었도다

爛醉樽前日月長

슬프다. 늙은 몸이 늦게 남아 괴롭구나

嗟哉潦倒生苦晩

미인을 생각하여 잊혀지지 아니하네

懷佳人兮不能忘


구월 구일 중양절에 높은 언덕에 올라 가을이 깊어가
는 하늘과 산천을 바라보며 늦은 나이에 술잔을 들고 옛
중국의 시인인 두목과 도연명의 풍류를 회상하며 복희와
헌원 요순시대를 그리워 한다는 내용이다.

이 시에 대해 후손인 간송 조임도는, "조려가 지극한

사람이어서 흉금과 자취가 잘 드러나지 않지만 복희와
훤원이 멀어지니 슬픔이 어찌 다하랴. 요순을 만나지 못
하니 마음이 절로 상하네 하는 부분은 조려가 옛날을 생
각하고 현실을 비관하여 세상을 슬퍼하는 뜻, 즉 단종을
추모하며 세조의 찬탈을 슬퍼하는 뜻이 잘 드러나 있다."
고 했다.

구일등고시는 생육신의 한사람인 조려의 마음이 가장
잘 드러난 시라고 해도 과언이 아니다.

강당을 전면으로 동재와 서재가 양 옆으로 배치되
어 있으며 동재와 서재보다는 단을 높이고 사당보다
는 한 단 낮은 높이로 건물의 격을 맞추고 있다.

### 양정각(養正閣)

양정각은 서산서원의 동재로 헌관들의 숙소로 사용되
고 있다. 상의재와 마주하고 있다. 정칸은 마루를 두고
뒤쪽으로 문을 달아 열 수 있도록 했으며 좌우로 협칸의
방을 마련하고 전퇴를 두었다. 건물의 기둥에는 어계선
생의 구일등고시의 마지막 구절이 걸려있다. 건물 규모
는 정면 3칸 측면 2칸의 5량가의 팔작지붕 건물이다. 지
붕은 겹처마로 팔작지붕이며 기와를 사용했다.

### 상의재(尚義齋)

상의재는 서산서원의 서재이며 유생들의 숙소로 사용

충의사

되었다, 강당인 궁의당을 전면으로 양정당과 마주한다.
양정당과 같은 구조이다.

### 충의사(忠義祠)

충의사는 생육신의 위패를 모신 사당으로 강당 뒤에
위치한다. 강당 보다 단을 높여서 위계가 가장 높은 곳
임을 알 수 있다. 건물 규모는 정면 3칸 측면 3칸의 5량
집으로 팔작지붕이다. 지붕은 사면 모두 겹처마인 팔작
지붕이며 기와를 얹어 마감하였다. 단청은 당시 문화재
관리국의 고증설계와 심의에 따라 매와 용무늬의 12색의
특수단청으로 되어 있다.

모셔진 생육신의 위패 서차는 정간공 경은 이선생(靖簡公耕隱李先生) 정절공 어계 조선생(貞節公漁溪趙先生) 정간공 관란 원선생(貞簡公觀瀾元先生) 청간공 매월당 김선생(清簡公梅月堂金先生) 정숙공 문두 성선생(靖肅公文斗成先生) 문정공 추강 남선생(文貞公秋江南先生) 순이다.

## 전사청(典祀廳)

전사청은 제사를 준비하고 제기와 제수를 준비하는 공간이다. 충의사 앞쪽으로 소청각과 마주하고 있다. 건물의 규모는 정면 2칸 측면 1칸의 맞배지붕이다. 지붕은 겹처마이며 기와를 사용했다.

## 소청각(溯清閣)

소청각은 생육신의 유물을 보관하는 공간으로 전사청 맞은 편에 있다. 현재 유물의 도난 등을 이유로 다른 곳으로 이관하였다. 건물의 규모는 정면 2칸 측면 1칸의 3량 집의 맞배지붕으로 전사청과 같은 구조이다.

## 생육신사적비

국내 유일의 육두(六頭) 거북비로서 각 면마다 생육신의 사적을 새긴 생육신사적비는 숭의당 좌측에 있다. 비문은 아래와 같다.

생육신 사적비

　정간공 경은 이맹전(靖簡公 耕隱 李孟專)선생

　이맹 전선생의 자는 백순(伯純)이요 호는 경은이니 벽
진(碧珍)인이다. 도원수 희경(希慶)의 손자요. 판서 심지(審
之)의 아드님이다. 일찍이 야은 길재(冶隱 吉再)선생에게
배워 세종조에 등과하여 한림과 사간원 정언을 거쳐 거
창 현감을 역임하였는데 청백리로 칭송이 높았다.

　수양의 찬위에 벼슬을 버리고 선산(善山)에 낙향하여
거짓 맹농(盲聾)으로 문밖을 나가지 아니하고 숨어 살았
다. 항상 영월로 향해서 경배(敬拜)하되 서울을 향해 앉지
않았다. 가난하여도 세조의 부름에 응하지 않고 불사이
군의 충절을 지켰다. 그때 선생의 거짓임을 가족도 몰랐

는데 다만 점필재 김종직(점畢齋 金宗直)이 알고 이존록(彝尊錄)에 남겼다.

정조 때 와서 이조판서의 증직(贈職)과 정간의 시호가 내렸다. 월암서원(月岩書院), 용계서원(龍溪), 서산(西山)서원, 숙모전(肅慕殿)에 배향되셨다.

### 정절공 어계 조려(貞節公 漁溪 趙旅)선생

조려 선생의 자는 주옹(主翁)이요 호는 어계이니 함안 인이다. 고려전서 조열(趙悅)의 손자요. 사복시정 안(安)의 아드님이다. 단종때 진사시에 합격하여 태학에서 수학하였는데 수양의 찬위에 분개, 제생들과 하직하고 백이산 하 원북동에 숨어 살았다.

단종이 영월에 안치되니 자주 문후를 드렸다. 관란 원호와 공복헌 이수형(李秀亨)과 함께 치악산에서 성수를 기원하면서 암벽에 제명(題名)했는데 참판 목만중(睦萬中)이 서문을 지어 삼선생의 절의를 찬양하였다.

단종의 승하에 분상렴습(奔喪殮襲)한 사실과 그때 일을 추념(追念)한 남추강의 시가 영월읍지에 있고 동학사(東學寺)에서 김시습 등과 초혼치제(招魂致祭)를 올렸다.

정조때 이조판서에 증직되고 시호를 정절이라 내렸다. 용계서원, 서산서원, 숙모전에 배향되셨다.

### 정간공 관란 원 호(貞簡公 觀瀾 元昊)선생

원호 선생의 자는 자허(自虛)요. 호는 관란이니 원주인
이다. 증 병조 참판 원헌(元憲)의 아드님이다. 세종조에
등과하여 직제학으로서 수양의 찬위에 참지 못하여 벼슬
을 버리고 귀향하였다. 단종이 영월에 안치되니 원주서
영월로 옮겨 돌을 쌓아 관란이라 이름하고 임금을 향해
슬퍼하였다.

어계 조려, 공북헌 이수형과 함께 치악산에서 성수를
기원하였고 단종이 사사되시니 복상 삼년하고 일상 기거
를 동으로 행했는데 장릉이 동편에 있기 때문이다. 세조
의 부름에 나가지 아니하고 저술과 기록 문헌을 불태워
생졸연월을 알지 못한다.

숙종 무인에 정문(旌門)이 세워지고 정조때 이조 판서에
증직되고 시호를 정간이라 내렸다. 원천석(元天錫)의 칠봉
(七峰)서원, 용계서원, 서산서원, 숙모전에 배향되셨다.


### 청간공 매월당 김시습(淸簡公 梅月堂 金時習)선생

김시습선생의 자는 열경(悅卿)이요. 호는 매월당이니
강릉인이다. 고려때 시중 태현(侍中 台鉉)의 후손이고 충
순위 일성(忠順衛 日省)의 아드님이다. 삼세에 능히 시를
지었고 오세에 중용(中庸)과 대학을 통독하니 사람들이
신동이라 했다.

삼각산에서 독서하다가 수양의 찬위를 듣고는 삼일간

문을 잠그고 울었다. 서책과 저술을 불사르고 머리를 깎고 중이 되어 편력(遍歷)하면서 세사를 비분하엿다. 사육신의 시신을 거두었고 동학사에 들어가 위령제를 지냈다.

성종 계축 홍산 무량사(泓山 無量寺)에서 입적(入寂)하니 향년이 오십구세였다. 많은 시문들과 금오신화(金鰲新話)에서 민본(民本)과 애민(愛民)적인 사상을 보이었다. 정조때 이조 판서에 증직되고 시호를 청간이라 내렸다. 용계서원, 서산서원, 청절사(淸節祠), 창절사(彰節祠), 숙모전에 배향되셨다.

### 정숙공 문두 성담수(靖肅公 文斗 成聃壽)선생

성담수 선생의 자는 이수(耳叟)요. 호는 문두이니 창녕인이다. 대제학 성석용(成石瑢)의 증손이고 교리 희(僖)의 아드님이다. 세종때 진사시에 합격하였다. 부공이 성삼문의 친족으로 단종 복위의 모의에 연좌(連坐)되어 유배 당했다가 풀려나서 별세하시니 이로부터 파주 선대인의 묘하에 은거하여 포의(布衣)로서 세상을 살았다. 그 때문에 선생의 고매(高邁)하신 뜻을 아는 이가 적었다. 조가(朝家)에서 경릉(敬陵)참봉을 제수(除授)했으나 거절하고 서울 땅을 밟지 않았다. 조카 성몽정이 경기 관찰사로 파주에 순지(巡至)하여 선생의 거처를 보고 탄식하고 돌아가서 초석(草席)을 보냈는데 받지 아니하고 돌려보냈다.

정조때 이조 판서의 증직과 시호를 정숙이라 내렸다. 용계서원, 서산서원, 물계(勿溪)서원, 숙모전에 배향되셨다.


## 문정공 추강 남효온(文貞公 秋江 南孝溫)선생

남효온 선생의 자는 백공(伯恭)이요. 호는 추강이니 의
령인이다. 영의정 남재(南在)의 오세손이고 생원 전의 아
드님이다. 점필재 김종직의 문인으로서 기절(氣節)이 호
매(豪邁)하였다. 사육신전을 지어 충신의 고절(高節)을 찬
양(讚揚)했고 십팔세의 나이에 소릉복위(昭陵復位)를 항소
했으나 뜻을 이루지 못했다.

이로부터 세사(世事)와 절연(絶緣)하고 독서와 저술에
힘썼다. 향년이 삼십구세였다. 연산조의 갑자사화에 소
릉복위를 추죄(追罪)하여 부관참시(剖棺斬屍)를 당했다. 중
종조에 소릉의 복위와 동시에 신원(伸寃)되었다.

육신전(六臣傳)이 간행되었고 추강냉화(秋江冷話)와 사우
록(士友錄) 등의 선생 유고가 훌륭한 사료로서 세전(世傳)
된다.

정조때 이조 판서의 증직과 문정의 시호를 내렸다. 용
계서원, 서산서원, 예양(汭陽)서원, 창절사, 숙모전에 배
향되셨다.

# 정절공 어계 조선생 행적비

 숭의당 오른쪽 즉 생육신 사적비의 맞은 편에는 정절공 어계 조선생 행적비(貞節公 漁溪 趙先生 行蹟碑)가 있다. 비문은 다음과 같다.

 우리민족의 삶은 의에 준거하여 살아왔노라 조선조의 사육신과 생육신의 충절은 대의를 지켜 목숨을 아끼지 않고 장하게 죽기도 하고 자취를 감추어 천석고황(泉石膏肓)이 되기도 하고 거짓 귀머거리와 소경으로 칭탁(稱托)하기도 하고 세상이 싫어서 방랑의 길을 택하기도 하여 그 행적은 일정하지 않으나 의를 지켜온 정신은 같음이다.
 오호라 생육신의 한분인 조려 신생은 함안인이니 자는 주옹(主翁)이요 호는 어계라 하셨다. 조씨는 고려 대장군 원윤 휘 정(鼎)을 시조로 하여 대대로 관면(冠冕)이 이어진 중에 판도판서 천계(天啓)는 증조이시고 공조전서 열(悅)은 조부이시다. 선생은 아버지 사복시정 안(安)과 어머니 성산이씨 호군 역의 따님에게서 1420년 세종 2년 경자 함안 향리에서 태어나셨다.
 어려서부터 재주가 뛰어나고 자품(資稟)이 출충하시더니 1453년 단종 원년 계유 34세때 성균관 진사시에 합격하여 태학에서 더욱 연학(硏學)하게 되셨다. 이리하여 장차 국가의 동량(棟樑)으로서 크게 쓰이려는 때에 즈음하

어계 행적비

여 1455년 을해에 단종의 선위(禪位)가 의륜(義倫)에 어긋
남에 비분강개(悲憤慷慨)함을 참지 못하여 태학제생들과
하직하고 고향에 돌아오셔 백이산하에 은거하셨다.

　1456년 병자 6월에 사육신 등이 상왕복위를 도모하다
가 죽음을 당하고 상왕은 노산군(魯山君)으로 강봉되어
영월에 안치되시니 선생께서는 매삭(每朔)에 상왕을 문후
하셨다. 이무렵 관란 원호(觀瀾 元昊)와 공북헌 이수형(拱
北軒 李秀亨)과 함께 치악산에서 성수를 기원하셨더니 그
때의 암벽에는 존함(尊啣)이 새겨 졌었다. 다음해 정축에
금성대군 등이 거듭 상왕복위를 꾀하다가 마침내 단종이
사사(賜死)케되니 이때가 세조 2년 10월 24일이요 상왕의
나이가 17세였다.

부음(訃音)을 들은 선생께서는 주야로 달려 청령포에 이르렀으나 도강할 배편이 없었다. 동서로 방황타가 하늘을 우르러 통곡하던 중에 호랑이가 나타나서 선생을 업어 건넜다는 이야기가 강원도지에 기록되어 있고 남추강의 시에도 "虎渡淸冷浦 趙翁斂魯山"이라고 했다. 상왕복상록(上王服喪錄)에도 선생과 엄흥도(嚴興道) 권절(權節) 원호(元昊) 김시습(金時習) 조상치(曺尚治) 이동인(李童仁) 송간(宋侃) 정보(鄭保) 이맹전(李孟專) 성담수(成聃壽) 제공의 방명(芳名)이 실려있다. 뿐만아니라 같은 해 선생께서는 김시습 조상치 성희(成熺) 송간 이축(李蓄) 정지산(鄭之産) 등과 의논하여 충남 공주 동학사(東學寺)에서 단종의 고혼(孤魂)을 제향(祭享)하니 초혼각(招魂閣)과 숙모전이 여기서 유래되며 이 어른들을 세칭 초혼칠신(招魂七臣)이라고 한다.

선생의 삶이 의를 쫓아 천석간(泉石間)에 소요(逍遙)하면서 낚시도 드리우고 시도 읊으셨다. 그 끼쳐진 시문(詩文)에도 의연한 기상(氣像)과 충의심이 가득하였다. 시 구일등고(詩九日登高)는 상왕에 대한 추모로 고금을 생각하고 불우한 은절을 토로하여 백이(伯夷)의 노래와 맥락을 같이하셨다. 이 같이 청한(淸寒)하고 고절(高節)하신 생애로서 1489년 성종 20년 을유 10월 22일에 서거(逝去)하시니 향년(享年)이 70세이셨다.

배위(配位)는 증 정부인(贈貞夫人) 홍양 이씨(興陽李氏)이니 현감 운(運)의 따님이시다. 아들 삼형제를 두었으니 장남 동호(銅虎)는 군수요 차남 금호(金虎)는 첨지요 삼남 야호(野虎)는 조세(무世)하였다. 1698년 숙종 24년 기묘에 단종 왕위가 복위(復位)되자 그후 계미에 가선대부(嘉善大夫) 이조 참판(吏曹參判)에 증직(贈職)되시고 예관(禮官)을 보내어 치제(致祭)케 하였다. 이에 백이산하(伯夷山下) 원북동(院北洞)에 사우(祠宇)를 세워 선생을 비롯한 매월당 김시습 관란 원호 경은 이맹전 문두 성담수 추강 남효온 제현(諸賢)을 제향(祭享)하니 사액 서산서원(賜額 西山書院)이다.

1781년 정조 5년 신축에 자헌대부 이조 판서(資憲大夫 吏曹判書) 겸 동지의금부사(同知義禁府事) 오위도총부 도총관(五衛都摠府 都摠官)의 가증(加贈)이 있었고 시호(諡號)를 정절(貞節)이라 내렸다. 묘소는 응암산 갑좌원이고 정부인이씨도 같은 묘역이다. 묘갈문은 우참찬 이미(李薇)가 지었고 신도비명은 대제학 이재(李縡)가 지었다. 1868년 고종 무진에 서원이 헐리게 됨에 사림과 후손들의 재한(齋恨)이더니 1980년부터 정부 보조가 있었고 사림 및 후손들의 성금으로 옛 원지(院趾)에 서원을 복원하면서 선생의 사적비를 세우고자 조찬규(趙瓚奎) 조병규(趙炳奎) 양씨가 비문을 청하여왔다.

돌아다보면 오늘날 서구문명으로 말미암아 공리(功利)만을 탐하는 사람들에게 어계선생의 고매(高邁)하신 삶의

자세를 일깨워 의롭게 사는 마음을 분발케 하고자 함이
리라 우르러 영세토록 귀감(龜鑑)이 될진저
　1983년 3월　일 釜山大學校 敎授 眞城 李東英 謹撰

# 14

## 서산서원 제향

일반적으로 서원은 성균관이나 향교와 같이 제향공간과 강학공간을 갖추고 있으며 서산서원도 예외는 아니다. 제향 공간인 충의사에서 생육신의 위패를 모시고 춘추로 제향을 지낸다.

서원의 향례(享禮)는 일반적으로 음력 2월과 8월의 중정(中丁日 : 그 달의 일진 중 중간에 있는 丁日), 또는 3월과 9월의 중정일에 행하였다. 향례가 있게 되면, 제사 사흘 전부터 제관들이 모여 재계를 깨끗이 하고, 한결같은 마음으로 향례를 행한다.

서산서원이 훼철된 후에는 채미정에서 삼월 중정일에는 미천제를 봉행하고, 9월 9일 중양절에는 국천제를 봉행하고 있다. 서산서원 향례 홀기는 다음과 같다.

2016년 국천제 모습

## 향례홀기(享禮笏記)

■ 행참신례(行參神禮)

○ 獻官以下諸執事各服其服 헌관 이하 모든 집사들은
각각 제복을 입어시오

○ 俱就門外位 모두 문밖 자리로 나가시오

○ 諸生次之 참례한 사람도 따르시오

○ 謁者引初獻官升自東階 祝司燭次之 알자는 초헌관
을 인도해 동쪽 계단으로 오르시오. 축과 사촉도 따
르시오

○ 點視陳設 진설한 것을 하나하나 살펴 보시오

○ 開櫝啓蓋點燭 신주를 모신 독을 열고 그릇의 덮개

를 열고 촛불을 켜시오

○ 皆降復位 모두 제 자리로 돌아가시오

○ 諸執事 (執禮祝學生謁者贊者司尊奉香奉爐奉爵奠爵贊唱)
入就階間拜位 모든 집사(집례 축 학생 알자 찬자 사준
봉향 봉로 봉작 전작 찬창)는 들어가 계단 사이 절하는
자리에 나가시오

○ 北面西上 북쪽을 향해 서시오.(서쪽이 상석이다.)

○ 再拜 (拜 興 拜 興 平身) 두 번 절하시오

○ 仍詣盥洗南北向立 이어서 손 씻는 곳에 이르러 남
쪽에서 북쪽으로 향해 서시오

○ 盥手帨手 손을 씻고 수건으로 닦으시오

○ 各就位 각자 자리에 나아가시오

○ 執禮立於東階兩楹間唱笏 집례는 동쪽 계단 양 기둥
사이에 서서 홀기를 창하시오

○ 學生立於庭中北面西上 학생은 마당 가운데 북쪽으
로 향해 서시오.(서쪽이 상석이다.)

○ 祝立於西階上東向立 축은 서쪽계단 위에서 동쪽으
로 향해 서시오

○ 司尊立於尊南北向 사준은 술병의 남쪽에서 북쪽을
향해 서시오

○ 奉爵奠爵詣爵洗位 봉작과 전작은 잔을 씻는 곳에 이
르시오

○ 洗爵拭爵 잔을 씻고 잔을 닦으시오

서산서원 홀기

○ 奉詣尊所 받들어 술 따르는 곳에 이르시오

○ 置於坫上 상 위에 두시오

○ 謁者進初獻官之左 알자는 초헌관의 좌측에 나오시오.

○ 白請行事 행사 청하는 것을 아뢰시오

○ 退復位 물러가 제자리로 가시오

○ 獻官以下在位者皆再拜 헌관이하 자리에 선 사람들
은 모두 두 번 절하시오


■ 행전폐례(行奠幣禮)

○ 謁者引初獻官詣盥洗位北向立 알자는 초헌관을 모
시고 손 씻는 곳으로 가서 북쪽을 향해 서시오

○ 盥手帨手 奉香奉爐立於香案之東 손을 씻고 닦으시
오. 봉향과 봉로는 향로상의 동쪽에 서시오.

○ 引詣耕隱李先生神位前跪 초헌관을 인도해 경은선
  생 신위 앞에 꿇어 앉으시오

○ 奉香奉香盒跪于獻官之右 봉향은 향 그릇을 받들어
  헌관의 오른편에 꿇어 앉으시오.

○ 奉爐奉香爐跪于獻官之左 봉로는 향로를 받들어 헌
  관의 왼편에 꿇어 앉으시오

○ 獻官三上香 헌관은 세 번 향을 올리시오

○ 奠于香案少退立 향로상에 올리고 조금 물러나 서시오

○ 祝升詣獻官之右 축은 올라가서 헌관의 우측에 이르
  시오

○ 以幣篚授獻官 축은 폐백을 들어 헌관에게 드리시오

○ 獻官受幣獻幣以授祝 헌관은 폐백을 잡아 머리 위로
  올리고 다시 축에게 주시오

○ 奠于神位前 신위 앞에 올리시오

○ 獻官 俯.伏.興 헌관은 엎드렸다 일어서시오

○ 次詣漁溪趙先生神位前○亦如之 다음 어계 조선생
  신위 앞에 나가 전과 같이 하시오

○ 次詣觀瀾元先生神位前○亦如之 다음 관란 원선생
  신위 앞에 나가 전과 같이 하시오

○ 次詣梅月堂金先生神位前○亦如之 다음 매월당 김
  선생 신위 앞에 나가 전과 같이 하시오

○ 次詣文斗成先生神位前○亦如之 다음 문두 성선생
  신위 앞에 나가 전과 같이 하시오

○ 次詣秋江南先生神位前○亦如之 다음 추강 남선생
신위 앞에 나가 전과 같이 하시오

○ 獻官 俯.伏.興 헌관은 엎드렸다 일어서시오

○ 謁者引降復位 알자는 초헌관을 인도하여 제자리로
돌아오시오

○ 祝及奉香奉爐降復位 축과 봉향 봉로는 제자리로 돌
아가시오


■ 행초헌례(行初獻禮)

○ 謁者引初獻官詣盥洗南北向立 알자는 초헌관을 인
도해 손 씻는 곳으로 가서 북쪽을 향해 서시오

○ 盥手帨手 升奉爵奠爵 손을 씻고 손을 닦으시오.
봉작과 전작도 오르시오

○ 仍詣尊所西向立 이어서 술 따르는 곳에 이르러 서
쪽을 향해 서시오

○ 司尊擧羃酌酒 사준은 두껑을 열고 술을 따르시오

○ 奉爵兼奉六先生爵受酒 봉작은 육선생의 술잔을 함
께 받들어 술을 받으시오

○ 置于中門 중문에 두시오

○ 謁者引獻官詣耕隱李先生神位前跪 알자는 헌관을
모시고 경은 이선생 신위 앞에 꿇어 앉으시오

○ 奉爵執爵隨之 봉작은 술잔을 받들어 따르시오

○ 進跪于獻官之右 나아가 헌관의 우측에 꿇어 앉으시오

○ 奠爵進跪于獻官之左 술잔을 받들어 나아가 헌관의 좌측에 꿇어 앉으시오

○ 奉爵以爵授獻官 봉작은 술잔을 헌관에게 드리시오

○ 獻官受爵獻爵以爵授奠爵 헌관은 술잔을 받아 높이 들고 전작에게 주시오

○ 奠爵受之 전작은 술잔을 받으시오

○ 奠于神位前第一坫 신위 앞 첫 상에 올리시오

○ 奠爵奉爵少退立 전작은 술잔을 받들어 조금 물러나 서시오

○ 獻官 俯.伏.興 헌관은 엎드렸다 일어나시오

○ 次詣漁溪趙先生神位前○亦如之 다음 어계 조선생 신위 앞에 나가 전과 같이 하시오

○ 次詣觀瀾元先生神位前○亦如之 다음 관란 원선생 신위 앞에 나가 전과 같이 하시오

○ 次詣梅月堂金先生神位前○亦如之 다음 매월당 김선생 신위 앞에 나가 전과 같이 하시오

○ 次詣文斗成先生神位前○亦如之 다음 문두 성선생 신위 앞에 나가 전과 같이 하시오

○ 次詣秋江南先生神位前○亦如之 다음 추강 남선생 신위 앞에 나가 전과 같이 하시오

○ 謁者引獻官詣堂中央位北向跪 알자는 초헌관을 모시고 당 가운데 자리에 이르러 북쪽으로 향해 꿇어 앉으시오

○ 祝就獻官之左 축은 헌관의 좌측에 나아가시오

○ 東向跪 동쪽으로 향해 꿇어 앉으시오

○ 在位者皆俯伏 자리에 있는 모든 사람들은 꿇어 앉으시오

○ 讀祝文 축문을 읽으시오

○ 訖復位 마치면 제자리로 돌아 가시오

○ 在位者皆興 자리에 있는 모든 사람들은 일어나시오

○ 獻官 俯.伏.興 헌관은 일어나시오

○ 謁者引獻官降復位 알자는 헌관을 모시고 제자리로 가시오


■ 행아헌례(行亞獻禮)

○ 贊者引亞獻官詣盥洗南北向立 찬자는 아헌관을 모시고 손 씻는 곳으로 가서 북쪽을 향해 서시오

○ 盥手帨手升奉爵奠爵 손을 씻고 손을 닦으시오. 봉작과 전작도 오르시오

○ 仍詣尊所西向立 이어서 술 따르는 곳에 이르러 서쪽을 향해 서시오

○ 司尊擧冪酌酒 사준은 두껑을 열고 술을 따르시오

○ 奉爵兼奉六先生爵受酒 봉작은 육선생의 술잔을 함께 받들어 술을 받으시오

○ 置于中門 중문에 두시오

○ 贊者引獻官詣耕隱李先生神位前跪 찬자는 헌관을

모시고 경은 이선생 신위 앞에 꿇어 앉으시오

○ 奉爵執爵隨之 봉작은 술잔을 받들어 따르시오

○ 進跪于獻官之右 나아가 헌관의 우측에 꿇어 앉으시오

○ 奠爵進跪于獻官之左 전작은 나가 헌관의 좌측에 꿇
어 앉으시오

○ 奉爵以爵授獻官 봉작은 술잔을 헌관에게 드리시오

○ 獻官奠爵獻爵以爵授奠爵 헌관은 술잔을 받아 높이
들고 전작에게 주시오

○ 奠爵受之 전작은 술잔을 받으시오

○ 奠于神位前第二坫 신위 앞 두 번째 상에 올리시오

○ 奠爵奉爵少退立 전작은 술잔을 받들어 조금 물러나
서시오

○ 獻官 俯.伏.興 헌관은 엎드렸다 일어나시오

○ 次詣漁溪趙先生神位前○亦如之 다음 어계 조선생
신위 앞에 나가 전과 같이 하시오

○ 次詣觀瀾趙先生神位前○亦如之元先生神位前○亦
如之 다음 관란 원선생 신위 앞에 나가 전과 같이
하시오

○ 次詣梅月堂金先生神位前○亦如之 다음 매월당 김
선생 신위 앞에 나가 전과 같이 하시오

○ 次詣文斗堂金先生神位前○亦如之 다음 문두 성선
생 신위 앞에 나가 전과 같이 하시오

○ 次詣秋江南先生神位前○亦如之 다음 추강 남선생

신위 앞에 나가 전과 같이 하시오

○ 贊者引獻官降復位 찬자는 헌관을 모시고 제자리로 돌아가시오


■ 행종헌례(行終獻禮)

○ 贊者引終獻官詣盥洗南北向立 찬자는 종헌관을 모시고 손씻는 곳으로 가서 북쪽을 향해 서시오

○ 盥手帨手 손을 씻고 손을 닦으시오

○ 仍詣尊所西向立 이어 술 따르는 곳에 이르러 서쪽을 향해 서시오

○ 司尊擧羃酌酒 사준은 두껑을 열고 술을 따르시오

○ 奉爵兼奉六先生爵受酒 봉작은 육선생의 술잔을 함께 받들어 술을 받으시오

○ 置于中門 중문에 두시오

○ 贊者引獻官詣耕隱李先生神位前跪 찬자는 헌관을 모시고 경은 이선생 신위 앞에 꿇어 앉으시오

○ 奉爵執爵隨之 봉작은 술잔을 받들어 따르시오

○ 進跪于獻官之右 나아가 헌관의 우측에 꿇어 앉으시오

○ 奠爵進跪于獻官之左 전작은 나가 헌관의 좌측에 꿇어 앉으시오

○ 奉爵以爵授獻官 봉작은 술잔을 헌관에게 드리시오

○ 獻官奠爵獻爵以爵授奠爵 헌관은 술잔을 받아 높이 들고 전작에게 주시오

○ 奠爵受之 전작은 술잔을 받으시오

○ 奠于神位前第二坫 신위 전 두 번째 상에 올리시오

○ 奠爵奉爵少退立 전작은 술잔을 받들어 조금 물러나 서시오

○ 獻官 俯.伏.興 헌관은 엎드렸다 일어나시오

○ 次詣漁溪趙先生神位前 ○ 亦如之 다음 어계 조선생 신위 앞에 나가 전과 같이 하시오

○ 次詣觀瀾趙先生神位前 ○ 亦如之元先生神位前 ○ 亦如之 다음 관란 원선생 신위 앞에 나가 전과 같이 하시오

○ 次詣梅月堂金先生神位前 ○ 亦如之 다음 매월당 김 선생 신위 앞에 나가 전과 같이 하시오

○ 次詣文斗堂金先生神位前 ○ 亦如之 다음 문두 성선 생 신위 앞에 나가 전과 같이 하시오

○ 次詣秋江南先生神位前 ○ 亦如之 다음 추강 남선생 신위 앞에 나가 전과 같이 하시오

○ 贊者引獻官降復位 찬자는 헌관을 모시고 제자리로 돌아가시오

○ 奠爵從之 전작도 따라가시오

○ 獻官皆再拜(拜 興 拜 興 平身) 平身 헌관들은 모두 절 두 번을 하시오. 몸을 바로하시오

■ 행음복례(行飮福禮)

○ 謁者引初獻官詣堂前飮福位 알자는 초헌관을 모시고 당 앞 음복 자리로 나갑니다.

○ 西向跪 서쪽으로 꿇어 앉으시오

○ 奉爵以爵酌福酒 봉작은 음복주를 따르시오

○ 詣獻官之左 헌관의 좌측에 이르시오

○ 北向跪 북쪽으로 향해 꿇어 앉으시오

○ 以爵授獻官 술잔을 헌관에게 주시오

○ 獻官飮啐爵 헌관은 술잔의 술을 조금 마시오

○ 奉爵受虛爵置復于坫 봉작은 빈잔을 받아 상에 다시 두시오

○ 祝進減神位前胙肉 축은 나아가 신위 앞 조육을 덜어 내시오

○ 進獻官之左跪 헌관의 좌측에 나가 꿇어 앉으시오

○ 以胙授獻官 포를 헌관에게 주시오

○ 獻官受胙以授祝 헌관은 포를받아 축에게 주시오

○ 受胙置于虛爵之傍 포를 받아 빈잔의 곁에 두시오

○ 獻官俯.伏.興 헌관은 몸을 구부렸다가 일어나시오

○ 謁者引降復位 알자는 헌관을 모시고 제자리로 가시오

○ 奉爵降復位 봉작도 따르시오


■ 행망료례(行望燎禮)

○ 謁者引初獻官詣望燎位北向立 알자는 초헌관을 인

도해 망료위에 이르러 북쪽을 향해 서시오

○ 祝取祝文及幣 축은 축문과 폐백을 가져 오시오

○ 出自西門立於獻官之右 서쪽문으로 향해 헌관의 좌측에 서시오

○ 燎于坎 구덩이에 태우시오

○ 謁者引獻官降復位 알자는 헌관을 모시고 제자리로 가시오

○ 諸執事者退復位 모든 집사는 물러나 제자리로 가시오

○ 獻官及在位者皆再拜(拜·興·拜·興)平身 헌관 및 재위자는 두 번 절하시오

○ 謁者進獻官之左 알자는 헌관의 좌측에 나아가시오

○ 白禮畢 예가 마쳤다는 것을 아뢰시오

○ 祝升闔櫝 축은 올라가 독을 닫으시오

○ 執事者撤饌闭戶乃退 집사자들은 반찬을 철하고 문을 닫고 물러나시오

## 향례 축문(享禮祝文)

耕隱李先生
避世托盲 向嘄稽首 仁彝有錄 光前垂後
경은 이선생
맹인이라 핑계되고 은둔하면서
동쪽을 향해서는 머리를 숙였네
어짐과 떳떳함 기록이 있으니
선조를 드러내고 후세의 모범이네

위패 1. 경은

漁溪趙先生
國士誓志 方喪參祭 遯于漁釣 淸風百世
어계 조선생
나라의 선비로 맹세하여
임금이 승하하자 제례 참여하고
자연을 벗 삼아 숨어살면서
영원히 선비의 모범이 되었네

위패 2. 어계

観瀾元先生

浮瓠供御 閉戶向東 猗歟廉立 樹百世風

관란 원선생

표주박을 띄워 단종을 봉양하고

문을 닫고 동쪽으로 향했네

크도다 염치를 세움이여

길이 바른 풍속을 세웠도다

위패 3. 관란

梅月堂金先生

稟天生知 憤時高蹈 淸士立傳 光爭二曜

매월당 김선생

하늘이 내린 자질로서

때를 분개하며 세속을 떠났네

청렴한 선비로 모범이 되어

해와 달과 빛남을 다투네

위패 4. 매월당

文斗成先生

忠孝世襲 隱遯自靖 滄浪一闋 民彝是秉

문두 성선생

대대로 계승한 충효정신으로

숨어 살면서 몸을 깨끗이 했네

어부사 한 곡조 끝내자

백성들이 떳떳함을 법 삼았네

위패 5. 문두

秋江南先生

抗疏復陵 作傳褒忠 心性發揮 斯文有功

추강 남선생

소릉 복원에 항소하고

육신전을 지어 전했네

심성이 발휘 되었으니

우리 유학에 큰 공이 있네

위패 6. 추강

# 진설도

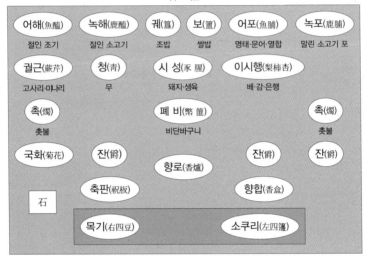

神 位

| 어해(魚醢) | 녹해(鹿醢) | 궤(簋) | 보(簠) | 어포(魚脯) | 녹포(鹿脯) |
|---|---|---|---|---|---|
| 절인 조기 | 절인 소고기 | 조밥 | 쌀밥 | 명태·문어·열합 | 말린 소고기 포 |

| 궐근(蕨芹) | 청(靑) | 시 성(豕 腥) | 이시행(梨柿杏) |
|---|---|---|---|
| 고사리·미나리 | 무 | 돼지·생육 | 배·감·은행 |

촉(燭)        폐 비(幣 篚)        촉(燭)

촛불        비단바구니        촛불

국화(菊花)    잔(爵)              잔(爵)    잔(爵)

                향로(香爐)

축판(祝板)              향합(香盒)

石

목기(右四豆)              소쿠리(左四籩)

진설사진

# 에필로그

함안 서산서원은 생육신의 충절을 기리기 위해 나라에서 윤허한 최초의 서원으로 1703년 경상도 유생 곽억령 등이 함안 출신인 어계 조려를 비롯한 생육신의 충절을 사육신의 예에 따라 숭모처(崇慕處)가 건립되어야 한다는 것을 상소하여 윤허를 받고 창립한 서원이다. 1713년(숙종39) 사액서원이 되었으나 1871년 서원철폐령에 의해 훼철(毁撤)되었다. 그 후 1902년(광무6) 서산서당으로 재건한 뒤, 1984년에 복원하여 현재에 이르고 있다.

성삼문 박팽년 하위지 이개 유성원 유응부 등 사육신에 대한 복관을 계기로 민절사(愍節祠)를 시작으로 숭모처가 건립되자, 어계의 고향인 함안을 중심으로 어계의 충절에 대한 숭모의 필요성이 제기되고 1701년(숙종27) 정월에 어계에 대한 포장 요청이 조정에 올라갔다. 이 해 정월 영남 유생 신만원 등이 상소하여 조려의 행적을 소

개하고 원호 김시습과 같은 표양(表揚)의 은전(恩典)을 행
할 것을 청하였다.

신만원 등의 상소에 대한 비답이 없자 다시 2년 후 곽
억령 등이 조려의 절개가 백이숙제에 뒤지지 않는다는
점을 강조하고, 단종께서 손위하던 날 죽음으로 절개를
온전히 한 사람으로 육신(六臣)이 있다면 살아서 의리를
지킨 사람으로 조려를 비롯한 여섯 명이 있다고 하면서
서산서원 건립 당위성을 주장하였다. 이 상소에서 오늘
날 널리 통칭되고 있는 생육신이란 말이 생기게 되는 단
초를 제공했다. 9년 후인 1713년에는 경상도 유생 손경
장 등이 사액을 청하는 상소를 올려 사액 서원으로서 생
육신을 배향하는 우리나라 대표적인 서원으로서의 역할
을 해 왔다.

그 후 서산서원은 1868년에 훼철되자 1902년 영남 사
림들이 서산서당을 건립하여 향례를 봉행하고 강학의 장
소로 삼아왔다. 그러다가 1980년 후손들이 서원을 복원
하고자 성금을 모우기 시작하여 1981년 정부의 보조를
받아 복원을 시작하여 1984년 완공을 하여 오늘에 이르
고 있다.

이처럼 서산서원은 우리나라 충절신을 배향하는 대표
적인 서원으로의 역사성이 뚜렷한데도, 현재는 연 1회
정도의 제향 공간으로서의 역할 외는 별다른 기능을 하
지 못하고 있다.

서산서원의 역사성을 널리 알리기 위해 어계를 비롯한 생육신의 충절을 알리는 평생교육의 장으로서 활용이 시급하다고 본다. 시민교육 즉 인성교육 프로그램을 개발하여 함안의 선비정신을 함양할 수 있는 장으로서의 역할을 할 수 있도록 방안을 강구해야 할 것이다. 함안군과 생육신 문중, 그리고 함안 군민들이 어계의 충절로 대표되는 함안 선비 문화의 자긍심을 인식하고, 이를 실천할 때 가능할 것으로 생각한다.

**강동욱**

진주 출생으로 경상대학교에서 문학박사 학위를 받았다. 경상대학교 한문학과와 진주교육대학교 국어교육과 강사. 경남일보 문화부장과 문화전문기자를 역임했다. 현재 경상남도 문화재 전문위원이며, 경상대학교 경남문화연구원 선임연구원으로서 「금강산 유람록」 번역 작업을 하고 있다. 저서로는 『남명의 숨결』 『수우당 최영경』 『역주 교방가요』 『교방의 풍류와 멋』 등이 있다.

생육신의 충절기려 백이산 자락에 자리잡은
## 함안 서산서원

2017년  6월  12일  초판 인쇄
2017년  6월  19일  초판 발행

지 은 이  강동욱

발 행 인  한정희
발 행 처  경인문화사
총괄이사  김환기
편    집  김지선 나지은 박수진 문성연 유지혜
마 케 팅  김선규 하재일 유인순
출 판 번 호  제10-18호(1973년 11월 8일)
주    소  경기도 파주시 회동길 445-1 경인빌딩 B동 4층
전    화  031-955-9300    팩    스  031-955-9310
홈 페 이 지  www.kyunginp.co.kr
이 메 일  kyungin@kyunginp.co.kr

ISBN 978-89-499-4281-0  93910
값  10,000원

ⓒ 강동욱, 2017